Dr. Džejs Roks Lī

Esiet nomodā un lūdziet

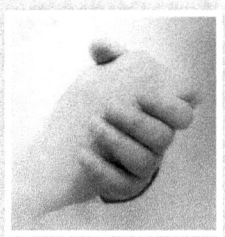

„Tad Viņš (Jēzus) nāca pie saviem mācekļiem un atrada tos guļam, un sacīja Pēterim: „Tā jūs nespējat pat vienu stundu būt ar Mani nomodā? Esiet nomodā un lūdziet Dievu, ka nekrītat kārdināšanā! Gars ir apņēmīgs, bet miesa vāja."
(Mateja, 26:40-41)

ESIET NOMODĀ UN LŪDZIET Autors dr. Džejs Roks Lī.
Izdots „ Urim Books (Prezidents: Johnny H. Kim)
73, Yeouidaebang-ro 22-gil, Dongjak-gu, Seoul, Korea
www.urimbooks.com

Visas tiesības aizsargātas. Šī grāmata vai jebkura tās daļa nevar tikt pavairota nekādā formā, saglabāta meklētāj sistēmā, vai nodota jebkādā citā veidā – elektroniskā, mehāniskā, ar fotokopēšanu un citādi, bez iepriekšējas rakstiskas izdevēja atļaujas.

Copyright © 2010 Džejs Roks Lī.
ISBN: 979-11-263-0674-9 03230
Translation Copyright © 2007 dr. Estere K. Čanga.

Izdota korejiešu valodā izdevniecībā „Urim Books" 1992. gadā.

Pirmo reizi angļu valodā izdota 2021. gada februārī.

Redaktors – dr. Gams San Vins.
Izdevniecības biroja „Urim Books" dizains.
Nodrukāta tipogrāfijas kompānijā „Yewon".
Pēc papildus informācijas vēršaties: urimbook@hotmail.com

Priekšvārds izdevumam

Dievs pavēl mums nepārtraukti lūgties. Bet Viņš tāpat izskaidro mums, kāpēc nepieciešama pastāvīga lūgšana un kā tieši mums jālūdzas, lai neiekristu kārdināšanā.

Tāpat, kā fiziski veselam cilvēkam nav grūti normāli elpot, garīgi veselam cilvēkam nav grūti dzīvot pēc Dieva Vārda un nepārtraukti lūgties. Par cik mēs daudz lūdzamies, par tik gūst sekmes mūsu dvēsele, mēs būsim gan veseli, gan gūsim panākumus. Tādēļ nav iespējams pārvērtēt lūgšanas nozīmi. Cilvēks, kura dzīve beigusies, nevar elpot. Tāpat arī garīgi miris cilvēks nav spējīgs iegūt garīgo elpošanu. Ādama grēkā krišanas dēļ, cilvēka gars nomira, bet tiem, kuros gars atdzimis ar Svētā Gara spēku, jādzīvo atrodoties pastāvīgā lūgšanā un ne uz minūti nepārtraucot elpošanu.

Tikko ticēt sākušie, tie kas nesen pieņēmuši Jēzu Kristu, līdzīgi maziem bērniem. Viņi nezina, kā lūgties, un ir ar noslieci uzskatīt lūgšanas par apgrūtinošām. Bet, ja viņi nepadodas un paļaujas uz Dieva Vārdu, pastāvīgi atrodoties lūgšanā viņu gars pieaug un nostiprinās. Un tad viņi sāk saprast, ka nevar dzīvot bez lūgšanas, līdzīgi tam, kā ļaudis nevar dzīvot bez elpošanas.

Lūgšana – tā nav tikai mūsu garīgā elpošana, bet arī kanāls priekš dialoga starp Dievu un Viņa bērniem, kam vienmēr jāpaliek atvērtam. Daudzās mūsdienu ģimenēs starp vecākiem un bērniem nav sadraudzības, kontaktēšanās, un tā – īsta traģēdija. Izjaukta savstarpēja uzticība, bet attiecības starp ģimenes locekļiem novestas līdz vienkāršai formalitātei. Taču nav nekā tāda, par ko mēs nevarētu pastāstīt Dievam.

Mūsu Visvarenais Dievs – gādīgs Tēvs, Kurš labāk par visiem zina un saprot mūs, vienmēr uzklausa mūs un vēlas, lai mēs no jauna atkal un atkal vērstos pie Viņa. Visiem ticīgajiem lūgšana – tā ir atslēga pie Visuvarenā Dieva sirds un ierocis, kas darbojas ārpus laika un telpas. Vai gan mēs neesam dzirdējuši, neesam redzējuši un nezinām, kā mainījušās daudzu kristiešu dzīves, un, kā mainījās pasaules vēstures gaita spēcīgas lūgšanas rezultātā?

Ja mēs ar pazemību lūdzam Svētā Gara palīdzību, tad Dievs piepildīs mūs ar Svēto Garu, sūtīs mums skaidrāku Savas gribas izpratni, lai mēs dzīvotu saskaņā ar to, un dos mums spēku uzvarēt šīs pasaules ļaunumu. Bet, ja cilvēks nelūdz un tātad, neseko Svētajam Garam, tad viņš nolemts paļauties uz paša teorijām un iedomām, dzīvot tālu no patiesības, izvairoties no Dieva gribas, un viņam grūti būs saņemt glābšanu. Tādēļ Vēstulē Kolosiešiem 4:2, Bībele mums saka: „Palieciet vienmēr lūgšanā, nepagurstot pateikties Dievam."

Tas pats teikts Mateja Evaņģēlijā (26:41): „Esiet nomodā un lūdziet Dievu, ka nekrītat kārdināšanā! Gars ir apņēmīgs, bet miesa vāja."

Jēzus – Vienpiedzimušais Dieva Dēls, varēja izpildīt Dieva gribu tikai pateicoties lūgšanas spēkam. Pirms Savas publiskās kalpošanas sākuma Kungs Jēzus gavēja 40 dienas un parādīja mums lūgšanas dzīves piemēru, vienmēr atrodot laiku saukt uz Dievu Savas trīs gadu kalpošanas laikā.

Daudzi kristieši saprot lūgšanas svarīgumu, bet ne visi saņem atbildes uz savām lūgšanām, tādēļ ka nezin, kā jālūdzas pēc Dieva gribas. Mana sirds sāp, kad es dzirdu par tādiem cilvēkiem, un es priecājos, ka tagad man ir šī iespēja izdot grāmatu par lūgšanu, kas pamatojas uz 20 gadus ilgās kalpošanas pieredzi un uz manu personīgo pieredzi.

Es ceru, ka šī nelielā grāmata kļūs par svarīgu atbalstu katram lasītājam tajā, lai satiktos un kontaktētos ar Dievu un būtu ar darbīgu lūgšanas dzīvi. Lai katrs no jums ir nomodā un pastāvīgi lūdzas, lai būtu vesels un gūtu panākumus visā, kā gūst sekmes jūsu dvēsele. Es lūdzos par to Jēzus Kristus vārdā!

Džejs Roks Lī

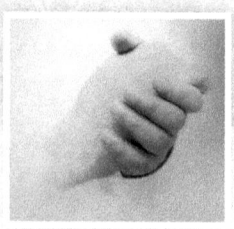

Saturs

ESIET NOMODĀ UN LŪDZIET

Priekšvārds izdevumam

1. nodaļa
Lūdziet, meklējiet un klaudziniet 1

2. nodaļa
Ticiet, ka jūs jau lūgto esat saņēmuši 19

3. nodaļa
Lūgšana, tīkama Dievam 31

4. nodaļa
Lai jūs neiekristu kārdināšanā 51

5. nodaļa
Taisnā lūgšana 65

6. nodaļa
Lielais lūgšanas spēks vienprātībā 77

7. nodaļa
Vienmēr lūdzaties un nepadodaties 91

1. nodaļa

Lūdziet, meklējiet un klaudziniet

„Lūdziet, un jums tiks dots, meklējiet,
un jūs atradīsiet, klaudziniet un jums atvērs.
Ikviens, kas lūdz, saņem un, kas meklē, atrod,
un tam, kas klaudzina, atvērs. Vai starp jums ir cilvēks,
kas savam dēlam, ja tas lūgs maizi, dos akmeni?
Vai, ja tas lūgs zivi, dos tam čūsku?
Ja nu jūs, ļauni būdami, saviem bērniem
dodat labas dāvanas, cik daudz vairāk laba
jūsu debesu Tēvs dos tiem,
kas viņu lūdz"

(Mateja, 7:7-11).

1. Dievs dod labas dāvanas tiem, kas Viņu lūdz.

Dievs nevēlas, lai Viņa bērni ciestu no nabadzības vai no slimībām, bet grib, lai viņi visā gūtu panākumus. Tomēr, ja mēs tikai sēžam, nepieliekot nekādas pūles, mēs neko nepļausim. Dievs varētu atdot mums visu Visumu, tādēļ ka viss Visums pieder Viņam, bet Viņš grib, lai mēs lūgtu, meklētu un pieliktu savas pūles, tā kā zināms, ka tam, kas lūdz tiks dots.

Cilvēks, kas gaida, lai saņemtu svētības, bet pie tam neko nedara priekš tā, maz ar ko atšķiras no auga, kas iestādīts dārzā. Cik apbēdināti būtu vecāki, ja viņu bērni uzvestos tā kā augi, visu dienu pavadītu gultā un nepieliktu nekādas pūles, lai dzīvotu savu paša dzīvi? Tā arī uzvedas slinki ļaudis, vienkārši sēžot visu dienu zem palmas un gaidot, kad banāns pats nokritīs pie viņu kājām.

Dievs grib, lai mēs kļūtu Viņam gudri un centīgi bērni, kuri lūdz, meklē un klauvē, lai iegūtu Viņa svētības un pagodinātu Viņa vārdu. Tieši tādēļ Dievs liek mums lūgt, meklēt un klauvēt. Neviens vecāks nedos bērnam akmeni, kad tas lūdz maizi. Neviens nedos savam bērnam čūsku, kad tas lūdz zivi. Un ja vecāki, būdami ļauni, spēj dot saviem bērniem labas lietas, vai tad jūs nedomājiet, ka Dievs, kas iemīlējis mūs tā, ka atdevis par mums Savu Vienpiedzimušo Dēlu, atteiks mums labas dāvanas, ja mēs Viņam par to lūgsim?

Jāņa Evaņģēlijā 15:16, Jēzus mums saka: „*Ne jūs izraudzījāt Mani, bet Es jūs izraudzīju un liku, ka jūs ejat un augļus nesat un ka jūsu augļi paliek, lai visu, ko vien jūs lūgtu Manā Vārdā no Tēva, Viņš jums dotu.*" Šeit mēs lasām par svinīgu Visuvarenā Dieva apsolījumu atvērt mums Debesu vārtus, svētīt mūs un pat piepildīt mūsu sirds vēlmes, ja mēs lūgsim, meklēsim un klauvēsim.

Tagad, pamatojoties uz šiem Evaņģēlija vārdiem, paskatīsimies, kā tieši mums jāprasa, jāmeklē un jāklauvē, lai mēs saņemtu atbildes no Dieva, Viņa lielās slavas un vārda spēkā un mūsu prieka pilnībai.

2. Lūdziet un jums tiks dots.

Dievs saka visiem cilvēkiem: „Lūdziet, un jums taps dots" - un vēlas, lai katrs, kas lūdz, saņemtu to svētību, par kuru viņš lūdz. Par ko gan Dievs saka mums Viņu lūgt?

1) Lūdziet par Dieva spēku un par to, lai ieraudzītu Viņa vaigu.

Pēc tam, kad Dievs radīja debesis un zemi, Viņš radīja cilvēku. Un Dievs svētīja cilvēku, lika viņam augļoties un vairoties, piepildot zemi un to apgūstot, valdot pār jūras zivīm, pār putniem debesīs, un pār visiem zemes dzīvniekiem.

Bet pēc tā, kad pirmais cilvēks Ādams nepaklausīja Dievu, viņš zaudēja šīs svētības un sadzirdot Dievu, noslēpās no Viņa (1. Mozus 3:8). Un līdz ar to, arī visa cilvēce, kļūstot grēcīga, attālinājās no Dieva, izvēloties bojāejas ceļu un kļūstot par ienaidnieka velna kalpiem.

Šo grēcinieku dēļ mīlošais Dievs sūtīja Savu Dēlu, Jēzu Kristu, uz zemi, lai atvērtu viņiem glābšanās ceļu. Un katram, kas pieņem Jēzu Kristu kā savu personīgo Glābēju un atzīst Viņa vārdu, Dievs piedod visus viņa grēkus un dāvina Svēto Garu.

Ticība Jēzum Kristum ved mūs pie glābšanas un palīdz mums saņemt Dieva spēku. Mēs varam dzīvot veiksmīgu reliģiozu dzīvi, tikai ja Dievs dāvā mums Savu spēku. Citiem vārdiem, mēs varam uzvarēt pasauli un dzīvot pēc Dieva Vārda, tikai saņemot svētību un spēku no Augšienes. Un mums ir vajadzīgs Dieva spēks, lai uzvarētu velnu.

Psalms, 105:4, saka mums: „Alkstiet Kunga un Viņa spēka, Viņa klātieni meklējiet vienmēr!" Mūsu Dievs ir ESOŠAIS (2. Mozus 3:14) debess un zemes Radītājs (1. Mozus 2:3), Viņš vada visu vēstures gaitu un visu Visumu no sākuma un mūžīgi mūžam. Dievs ir Vārds, un ar Savu Vārdu Viņš radīja visu Visumā, tādēļ ka Viņa Vārdā ir spēks. Cilvēku vārdi ir mainīgi, un tajos nav radīšanas spēka. Cilvēka vārdi ir viltīgi un nepastāvīgi, bet Dieva Vārds dzīvs, tas piepildīts ar varu un satur sevī spēku darīt radīšanas darbus.

Tādēļ, lai cik vāji mēs būtu, ja mēs dzirdam un bez šaubām pieņemam dzīvo Dieva Vārdu, mēs tāpat iegūsim spēku darīt un radīt kaut ko no nekā. Bez ticības Dieva Vārdam neiespējami radīt kaut ko no nekā. Tādēļ Jēzus teica tiem, kas pie Viņa atnāca: „Lai jums notiek, pēc jūsu ticības." Un tā, kad mēs lūdzam par Dieva spēku, mēs, ar to pašu, lūdzam Dievu, lai Viņš dāvātu mums ticību.

Bet ko nozīmē vārdi „meklējiet Viņa vaigu vienmēr"? Mēs nevaram pateikt, ka pazīstam cilvēku, ja nekad neesam redzējuši viņa seju. Tāpat arī šajā gadījumā: Dieva vaiga meklēšana norāda uz mūsu pūlēm iepazīt Pašu Dievu. Tie, kas agrāk izvairījās no Dieva vaiga un novērsās no Viņa balss, tagad atver savas sirdis, meklē un tiecas pēc Dieva, vēloties sadzirdēt Viņa balsi. Grēcinieks nevar pacelt savu galvu, bet slēpj savu seju no citiem. Bet saņemot piedošanu, viņš var pacelt galvu un paskatīties uz ļaudīm, kas tam apkārt.

Visi mēs kļuvām grēcinieki, tādēļ ka nepaklausījām Dieva Vārdam. Taču, saņēmuši piedošanu un pieņēmuši Jēzu Kristu, mēs kļūstam par Dieva bērniem, pieņemam Svēto Garu un tagad varam lūkoties uz Kungu, Kas ir Gaisma, tādēļ ka mēs ietērpjamies Viņa taisnībā.

Galvenais iemesls, kura dēļ Dievs liek visiem Saviem bērniem „meklēt Viņa vaigu", ir tajā, ka Viņš vēlas, lai visi grēcinieki iegūtu mieru ar Dievu, saņemtu dāvanā Svēto Garu, lūdzot ieraudzīt Viņa vaigu, un kļūtu Viņa bērni, kas stāv Dieva vaiga priekšā. Kad cilvēks kļūst par Dieva Radītāja bērnu, viņš iegūst Debesis, mūžīgo dzīvību un svētlaimi, un nav lielākas svētības kā tā.

2) Lūdziet par Dieva Valstības paplašināšanos un Viņa taisnību.

Cilvēks, kas saņēmis Svēto Garu un kļuvis par Dieva bērnu, iegūst jaunu dzīvi, jo viņš piedzimst no Augšienes no Gara. Priekš Dieva pat viena dvēsele vērtīgāka par debesīm un zemi, un tādēļ Viņš liek mums tiekties vispirms pēc Dieva Valstības un Viņa taisnības (Mateja 6:33).

Jēzus saka mums Mateja Evaņģēlijā (6:25-33).

„Tādēļ Es jums saku: nezūdaties savas dzīvības dēļ – ko ēdīsiet un ko dzersiet, nedz savas miesas dēļ – ko vilksiet mugurā. Vai tad dzīvība nav vērtāka kā barība un miesa kā drēbes? Pavērojiet putnus debesīs – ne tie sēj, ne pļauj, ne savāc ražu šķūņos; jūsu Tēvs tos baro. Vai jūs neesat daudz vairāk vērti kā viņi? Kurš no jums ar savu zūdīšanos var pagarināt savu mūžu kaut vai par olekti? Kādēļ jūs zūdaties par savu apģērbu? Mācaties no lilijām pļavā, kā tās aug – ne tās nopūlas, ne vērpj, bet Es jums saku: pat Sālamans visā savā godībā nebija tā tērpies kā viena to tām. Ja nu Dievs pļavas zāli, kas šodien ir, bet rīt tiek iemesta krāsnī, tā ģērbj, cik gan daudz vairāk, jūs, jūs mazticīgie?! Tādēļ nezūdaties, sacīdami: ko ēdīsim? Ko dzersim? Ko vilksim mugurā? Jo pēc visa tā pagāni dzenas; jūsu debesu Tēvs zina, ka jums visa tā vajag. Meklējiet vispirms Dieva valstību un Viņa taisnību, tad jums viss pārējais tiks iedots."

Ko nozīmē meklēt „Dieva Valstību un Viņa taisnību". Kāpēc mums jālūdz par Debesu Valstības paplašināšanos un par Viņa taisnību?

To ļaužu dēļ, kuri nokļuva ienaidnieka velna verdzībā un bija nolemti bojāejai, Dievs sūtīja Savu Vienpiedzimušo Dēlu uz zemi un pieļāva, lai Jēzus nomirtu pie krusta. Pateicoties Jēzus Kristus upurim, Dievs atjaunoja mūsu zaudēto varu un atļāva mums nostāties uz glābšanas ceļa. Jo vairāk mēs izplatām Labo Vēsti par Jēzu Kristu, Kurš par mums nomira un augšāmcēlās, jo vairāk sagraujam sātana spēkus. Sagraujot sātana spēkus, mēs pievedam arvien vairāk dvēseļu pie glābšanas. Bet jo vairāk dvēseļu izglābjas, jo vairāk paplašinās Dieva Valstība. Un tā, pavēle meklēt Dieva Valstību nozīmē pavēli strādāt priekš dvēseļu glābšanas un pasaules evaņģelizēšanas, lai visi ļaudis varētu kļūt par Dieva bērniem.

Mēs dzīvojām tumsā, ļaunumā un grēkā, bet caur Jēzus Kristus upuri mēs varam ar drošību nostāties Dieva priekšā, Kurš ir Gaisma. Dievs mājo taisnībā un gaismā, un ļaunumā un grēkā mēs nevarētu ne nostāties viņa priekšā, ne kļūt par Viņa bērniem.

Un tā, pavēle meklēt Dieva taisnību nozīmē, ka mums jālūdzas par cilvēka gara atmošanos, lai viņa dvēsele gūst panākumus un par to, lai viņš dzīvojot pēc Dieva Vārda kļūtu taisns. Mums jāprasa Dievam, lai Viņš ļautu mums dzirdēt Dieva Vārdu un mācītu mums dzīvot gaismā un atstājot ļaunumu un grēku, kļūt apgaismotiem, līdzīgi tam, kā Dievs ir svēts.

Atmest miesas darbus, saskaņā ar Svētā Gara vēlmēm un kļūt apgaismotiem, dzīvojot patiesībā, nozīmē sasniegt Dieva taisnības līmeni. Bez tam, lūdzot par Dieva taisnības līmeņa sasniegšanu mēs būsim veseli un gūsim panākumus visā, kā gūst panākumus mūsu dvēsele (3. Jāņa vēstule 1:2). Tādēļ Dievs liek mums vispirms meklēt Dieva Valstību un Viņa taisnību un apsola, ka viss pārējais tiks pielikts.

3) Lūdziet, lai kļūtu Viņa kalpotāji un pildītu jums uzliktos Dieva pienākumus.

Ja jūs lūdzat par Dieva Valstības paplašināšanos un par Viņa taisnību, jums tāpat jālūdz arī par to, lai kļūtu Viņa kalpotāji. Ja jūs jau darbojieties priekš Dieva, jums patiesi jālūdzas par dedzīgu Dieva pienākumu pildīšanu. Dievs atalgo katru, kas patiesi Viņu meklē (Vēst. Ebrejiem 11:6) un atmaksās katram pēc viņa darbiem (Atklāsmes 22:12). Atklāsmes Grāmatā 2:10, Jēzus saka: "... *Esi uzticams līdz nāvei, un Es tev došu dzīvības vainagu.*" Pat šajā dzīvē, ja skolnieks centīgi mācās, tad viņš var iestāties labā universitātē un mācīties bez maksas. Bet, ja centīgi strādā darbā, tad var saņemt paaugstinājumu amatā un lielāku atalgojumu.

Tāpat arī Dieva bērni, kad viņi centīgi strādā izpildot pienākumus Dievam, tad viņiem būs doti svarīgāki uzdevumi un vēl lielākas balvas. Šīs pasaules balvas nevar salīdzināt ar tām, ko Dievs sagatavojis mums Debesīs. Katram no mums, savā vietā, jātiecas pieaugt ticībā un lūgties, lai kļūtu par vērtīgu Dieva darbinieku.

Ja jums vēl nav pienākumu draudzē, lūdzieties, lai Dievs izredzētu jūs par darbiniekiem priekš Dieva Valstības. Ja jums jau uzticēts kāds pienākums, lūdzieties, lai to izpildītu pēc iespējas labāk. Vienkāršam draudzes apmeklētājam jālūdzas, lai kļūtu par diakonu, bet diakonam – lai kļūtu par draudzes vecaju. Šūniņas līderim jālūdzas, lai kļūtu par rajona līdera asistentu, bet rajona līderim – lai paceltos vēl augstāk.

Tas nenozīmē, ka mums jātiecas pēc diakona vai vecākā tituliem. Mums jādeg vēlmē pildīt savus pienākumus, pieliekot visas pūles, lai Dievs varētu vēl vairāk lietot mūs kalpošanai Viņam.

Pati galvenā īpašība cilvēkā, kuram Dievs uzdevis uzdevumu – tā ir uzticamība, pateicoties kurai viņš varēs izpildīt pat vairāk par to, kas viņam bija uzdots. Viņam pastāvīgi jālūdzas, lai Dievs varētu pienācīgi viņu atalgot sakot: „Labi, tu godīgais un uzticamais kalps!" 1. vēstulē Korintiešiem 4:2, sacīts: *„No namturiem galvenām kārtām prasa, ka tie būtu uzticami."* Un tā, katram no jums jālūdzas par to, lai kļūtu par uzticamu darbinieku Dieva draudzē – Kristus Miesā.

4) Lūdziet par dienišķo maizi.

Lai atbrīvotu mūs no nabadzības, Jēzus piedzima nabags. Jēzus izlēja Savas asinis un bija sists ar pletnēm, lai atbrīvotu mūs no jebkādas slimības un vainas. Dieva bērniem dabiski ir dzīvot veselīgu, pilnasinīgu dzīvi, būt sekmīgiem visās lietās.

Kad mēs vispirms lūdzam par Dieva Valstību un Viņa taisnību, tad Dievs piemet mums arī visu pārējo (Mateja 6:33). Citiem vārdiem, pēc lūgšanas par Dieva Valstību un Viņa taisnību, mums jālūdzas par visu, kas nepieciešams šai dzīvei – par ēdienu, apģērbu, dzīvesvietu, darbu, svētībām darbā, par veselību ģimenei u.t.t. Un Dievs piepildīs visas mūsu vajadzības pēc Sava apsolījuma. Bet atceraties, ja mēs lūdzam ne priekš Dieva slavas, bet priekš savu iekāres vēlmju apmierināšanas, Dievs mums neatbildēs. Lūgšanai par savu grēcīgo vēlmju apmierināšanu nav nekā kopīga ar Dievu.

3. Meklējiet un atradīsiet.

Ja jūs kaut ko meklējat, tas nozīmē, ka jūs to esat pazaudējuši. Dievs grib, lai mēs atgūtu to, ko kādreiz pazaudējām. Viņš liek mums meklēt, bet pirms sākt meklēt, mums jāsaprot, ko tieši mēs esam pazaudējuši un kā tieši mēs to varēsim atrast.

Un tā, ko tieši mēs esam pazaudējuši un kā mums pazaudēto atrast? Dievs radīja pirmo cilvēku un apveltīja viņu ar garu, dvēseli un miesu. Būdams dzīvs gars cilvēks varēja kontaktēties ar Dievu, Kas ir Gars, baudīt visas Dieva svētības un dzīvot pēc Viņa vārda.

Bet sātans pavedināja cilvēku, un viņš nepaklausīja Dievu. 1. Mozus 2:16-17, mēs lasām: „Un Kungs Dievs pavēlēja cilvēkam: „Ēd no visiem dārza kokiem, bet no laba un ļauna atzīšanas koka neēd!" – Jo tai dienā, kad tu no tā ēdīsi, tu mirtin mirsi!"

Lai arī galvenais cilvēka pienākums ir pildīt Dieva baušļus un dzīvot Dieva bijībā (Mācītājs 12:13), pirmais cilvēks to neizpildīja. Kā Dievs arī bija brīdinājis, tajā dienā, kad viņš ēda no laba un ļauna atzīšanas koka, viņa gars nomira, un viņš kļuva dvēseles cilvēks, nespējīgs vairāk kontaktēties ar Dievu. Un arī arī visi Ādama pēcnācēji dzima ar mirušu garu, kļūstot par miesas cilvēkiem. Dievs izdzina Ādamu no Paradīzes uz viņa dēļ nolādēto zemi. Viņš pats un visas nākamās paaudzes, bija nolemtas uz dzīvi, kas pilna ciešanām, slimībām un bēdām, viņiem bija jāiegūst maize sava vaiga sviedros. Ļaudis bija zaudējuši spēju dzīvot cienījamu dzīvi, saskaņā ar Dieva paredzēto: viņi izvirta, tiecoties pēc bezjēdzīgām lietām, paklausot pašu miesīgām domām.

Lai cilvēks, kas tagad bija no miesas un dvēseles, no jauna varētu dzīvot Dievam tīkamu dzīvi, viņam vajadzēja atdzīvināt savu mirušo garu. Tikai pēc tam, kad cilvēka gars piedzimst no jauna, viņš kļūst par gara cilvēku, dzīvo patiesu dzīvi un var kontaktēties ar Dievu, Kurš ir Gars. Tādēļ Dievs liek mums meklēt savu zaudēto garu.

Dievs atvēris priekš katra cilvēka ceļu uz sava gara atdzimšanu, un šis ceļš – Jēzus Kristus. Kad mēs pieņemam Jēzu Kristu ar ticību, Dievs pēc Sava apsolījuma sūta mums Svēto Garu, Kurš iemājo mūsos un atdzīvina mūsu nomirušo garu. Kad mēs meklējam Dieva vaigu un pieņemam Jēzu Kristu, sadzirdot Viņa klauvējumu pie mūsu sirds durvīm, Svētais Gars nonāk uz mums un atdzemdina mūsu garu jaunai dzīvei (Jāņa 3:6). Atmetot visus miesas darbus, dzīvojot paklausībā Svētajam Garam, centīgi lūdzoties, mācoties Dieva Vārdu, mēs ar Dieva palīdzību, būsim spējīgi dzīvot pēc Viņa vārda. Un tā, mūsu mirušais gars atdzīvojas, mēs kļūstam gara cilvēki un iegūstam zaudēto Dieva veidolu.

Ja mēs gribam apēst olas dzeltenumu, mums vispirms jāsasit čaumala un jāatdala baltums. Tādā pat veidā, pirms mēs spēsim kļūt par garīgiem ļaudīm, mums vispirms jānodala no sevis visi miesas darbi un jāļauj Svētajam Garam atdzemdināt mūsos nodzisušo garu. Tas arī ietilpst izpratnē „meklēt", par ko runā Dievs.

Iedomājieties, ka visā pasaulē atslēgusies elektrība. Lai atjaunotu visu sistēmu būs vajadzīgs ne viens vien speciālists. Vajadzīgi gan dispečeri, gan elektriķi, būs nepieciešama visu nepieciešamo detaļu nomaiņa, lai atjaunotu elektrību visā pasaulē.

Tieši tāpat arī lai atjaunotu cilvēka mirušo garu, vajag klausīties un mācīties Dieva Vārdu. Bet priekš tā, lai kļūtu par gara cilvēku, nepietiek vienkārši zināt Vārdu. Tam jākļūst par dienišķo maizi cilvēkam, un viņam jālūdzas tā, lai dzīvotu pēc Dieva Vārda.

4. Klauvējiet un jums atvērs.

Tās durvis, pie kurām Dievs liek mums klauvēt, - tās ir apsolījumu durvis, kuras atveras katram, kas pie tām klauvē. Tad kas gan tās par durvīm, pie kurām mums jāklauvē? Tās ir mūsu Dieva sirds durvis.

Vēl līdz tam kā mēs sākam klauvēt pie Dieva sirds durvīm, Viņš pirmais klauvē pie mūsu sirds durvīm (Atklāsmes 3:20). Mēs atvērām savas sirds durvis un pieņēmām Jēzu Kristu. Un tagad ir mūsu kārta klauvēt pie Viņa sirds durvīm. Dieva sirds plašāka par debesīm un dziļāka par okeānu, un, kad mēs ar ticību klauvējam pie Viņa lielās sirds, Viņš piepilda visus mūsu lūgumus.

Dievs ir gatavs atvērt Debesu vārtus un izliet uz mums Savas bagātības, ja mēs lūgšanā klauvējam pie Viņa sirds durvīm. Mūsu Dievs atvērs, un neviens nespēs aizvērt; aizvērs – un neviens nespēs atvērt. Un, ja Viņš apsola atvērt mums Debesu vārtus un svētīt mūs, neviens nevarēs nostāties pretī šim svētību straumju ceļam (Atklāsmes 3:7).

Kad mēs klauvējam pie Dieva sirds durvīm, Viņš piepilda mūsu lūgumus. Bet svētību lielums atkarīgs no tā, cik centīgi mēs klauvējam pie Viņa sirds. Lai mēs saņemtu bagātīgas svētības, Debesu vārtiem jābūt plaši atvērtiem. Bet priekš tā mums centīgā lūgšanā jāklauvē pie Dieva sirds durvīm un jāiepriecina Viņu.

Dievs priecājas, kad mēs novēršamies no ļauna un dzīvojam pēc Viņa baušļiem, garā un patiesībā. Ja mēs dzīvojam pēc Dieva Vārda, tad saņemsim visu, par ko prasīsim. „Klauvēt pie Dieva sirds durvīm" nozīmē dzīvot pēc Dieva baušļiem.

Kad mēs centīgi klauvējam pie Viņa sirds durvīm, Dievs nekad nepārmetīs mums sakot: „Kāpēc jūs tik skaļi klauvējat?" Tieši otrādi, jo stiprāk mēs klauvējam, jo vairāk patīkam Viņam, un, jo labprātāk Dievs dod mums to, par ko mēs lūdzam. Un tā, es ceru, ka jūs klauvēsiet pie Dieva sirds durvīm ar saviem darbiem un saņemsiet visu, par ko lūdzat, dodot lielu godu Dievam.

Vai jūs kādreiz ar kaķeni esat šāvuši uz putniem? Es atceros, ka mana tēva draugs slavēja mani par manu prasmi gatavot kaķenes. Kaķene tiek gatavota no gludi apstrādāta koka Y – veida formā un izstieptas gumijas, kurā tiek ievietots akmens, lai ar to varētu šaut.

Es būtu salīdzinājis vārdu „lūgt" no Mateja Evaņģēlija 7:7-11, ar putnu šaušanu no kaķenes ar akmens palīdzību. Kāds labums no kaķenes, ja jūs nemākat šaut ar to. Jums jāizgatavo sev mērķis treniņiem un uzmanīgi mācoties visas šaušanas no kaķenes īpatnības, jāatrod labākais veids, lai trāpītu putniem. Šī šaušanas procesa apmācība līdzinās pavēlei „meklēt". Lasot Dieva Vārdu un ēdot to kā maizi, jūs gatavojat sevi kā Dieva bērnu, tam momentam, kad jūs iegūsiet īpašības, kas nepieciešamas tam, lai saņemtu atbildi no Dieva.

Kad jūs esat iemācījušies rīkoties ar kaķeni un precīzi trāpīt mērķī, tad jūs beidzot varēsiet šaut pa mērķi, kas atbilst pavēlei „klaudziniet pie durvīm." Pat, ja jums ir vislabākā kaķene un jūs mākat ar to rīkoties, jūs paliksiet bez medījuma, ja to nelietosiet tam, kam tā paredzēta. Citiem vārdiem, mēs varēsim saņemt atbildi no Dieva, tikai ja mēs dzīvojam pēc Viņa Vārda un ēdam Dieva Vārdu kā maizi.

Lūgt, meklēt un klauvēt – tās visas ir savstarpēji saistītas viena un tā paša procesa daļas. Tagad jūs zināt par ko lūgt, ko meklēt un, kādās durvīs klauvēt. Dosim visu slavu Dievam, kā Viņa svētītie bērni, lai jūsu centīgās lūgšanas un meklējumi pievestu pie jūsu sirds vēlmju piepildīšanās. Es lūdzos par to Jēzus Kristus vārdā!

2. nodaļa

Ticiet, ka jūs jau esat saņēmuši to,
par ko lūdzaties

„Patiesi es jums saku: ja kāds šim kalnam teiks:
celies un meties jūrā! – un kas nešaubīsies savā sirdī,
bet ticēs, ka notiks tas, ko viņš saka,
tad viņam tas arī notiks. Tādēļ
es jums saku: visu, ko jūs lūdzat vai prasāt,
ticiet, ka jūs to saņemsiet,
un tas jums arī būs,"

(Marka, 11:23-24).

1. Varenais ticības spēks.

Kādu reizi mācekļi, kas pavadīja Jēzu dzirdēja, kā Viņu Skolotājs, teica neauglīgam vīģes kokam: „*Lai nemūžam uz tevis vairs neienākas neviens auglis!*" Ieraudzījuši, ka vīģes koks nokalta, mācekļi izbrīnījās un prasīja par to Jēzum. Un Viņš tiem atbildot teica: „*Patiesi es jums saku: ja jums būtu ticība un jūs nešaubītos, tad jūs ne vien tā varētu ar vīģes koku, bet jūs varētu sacīt šim kalnam: celies un meties jūrā! – un tas notiktu,*" (Mateja 21:21).

Jēzus tāpat viņiem apsolīja: „*Patiesi, patiesi Es jums saku: kas tic Man, tas darīs tos darbus, ko Es daru, un vēl lielākus par šiem darīs, jo Es aizeju pie Tēva. Ko vien jūs Manā vārdā lūgsiet, to Es darīšu, lai Tēvs tiktu pagodināts Dēlā. Ja jūs Manā vārdā Man ko lūgsiet, Es darīšu,*" (Jāņa 14:12-14). Un vēl: „*Ja jūs manī paliekat un Mani vārdi jūsos, jūs varēsiet lūgt, ko vien gribēsiet, un tas jums notiks. Un Mans Tēvs ar to tiks pagodināts, ka jūs nesīsiet daudz augļu un kļūsiet Mani mācekļi,*" (Jāņa 15:7-8).

Tā kā Dievs Radītājs ir visu Tēvs, tie, kas pieņēmuši Jēzu Kristu, var rēķināties ar visu savu sirds vēlmju piepildīšanos, ja ar ticību un paklausību ņems vērā Dieva Vārdu. Mateja Evaņģēlijā 17:20, Jēzus mums saka: „*Savas mazticības dēļ; Es jums saku: patiesi, ja jums ticība ir kā sinepju graudiņš, jūs sacīsiet šim kalnam: pārcelies no šejienes uz turieni,- un tas pārcelsies.*

Un nekas jums nebūs neiespējams." Kāpēc tad daudzi nesaņem atbildes no Dieva, neskatoties uz garajām stundām, kas pavadītas lūgšanā? Tādēļ tagad izskatīsim šo jautājumu: kā dot slavu Dievam, lai vienmēr saņemtu prasīto?

2. Ticiet Visvarenajam Dievam.

No sava dzimšanas momenta cilvēkam, lai uzturētu dzīvību nepieciešama barība, apģērbs, mājas u.t.t. Tomēr pats svarīgākais faktors, kas uztur dzīvību ir elpošana: pilnvērtīgas dzīvības eksistence iespējama tikai, ja ir elpošana. Dieva bērniem, kas pieņēmuši Jēzu Kristu un saņēmuši piedzimšanu no Augšienes ir daudz vajadzību; bet pati svarīgākā viņu dzīvē – tā ir lūgšana.

Lūgšana – tas vienlaicīgi ir arī mūsu kontaktēšanās kanāls ar Dievu, Kurš ir Gars, un mūsu gara elpa. Lūgšanā mēs varam prasīt Dievam par savām vajadzībām un saņemt no Viņa atbildes. Un ticība, kas dzīvo mūsu sirdī ir pats svarīgākais lūgšanas komponents. No cilvēka ticības līmeņa atkarīga arī viņa pārliecība par to, ka Dievs sadzirdējis viņa lūgšanu un atbildēs viņam, pēc viņa ticības.

Bet Kas ir Tas Dievs, Kuram mums jātic?

Atklāsmes Grāmatā 1:8, teikts: *„Es esmu Alfa un Omega," saka Dievs Kungs, Kas ir, bija un nāks, Visuvaldītājs."* Vecajā

Derībā mēs lasām par Dievu – debess un zemes radītāju (1. Mozus 1:1-31), par Dievu, kas pārdalīja Sarkanās jūras ūdeņus un ļāva Izraēliešiem iziet no Ēģiptes (1. Mozus, 14:21-29). Kad Izraēlieši septiņas dienas gāja apkārt Jērikai, nesagraujamie pilsētas mūri sagruva (Jozuas grām. 6:1-21). Kad Jozua sauca uz Dievu kaujas laikā pret Amoriešiem, saule un mēness apstājās un stāvēja līdz kaujas beigām (Jozuas grām. 10:12-14).

Jaunajā Derībā Jēzus, Dieva Dēls, uzcēla mirušo no kapa (Jāņa 11:17-44). Viņš dziedināja jebkuru slimību un vainu (Mateja 4:23-24), atvēra acis akliem (Jāņa 9:6-11) un dziedināja klibos (Apustuļu d. 3:1-10). Ar Savu Vārdu Jēzus izdzina dēmonus un ļaunos garus (Marka, 5:1-20) un ar piecu maižu un divu zivtiņu palīdzību, paēdināja vairāk kā piecus tūkstošus cilvēku (Marka 6:34-44). Un vēl, nomierinot viļņus un vētru, Jēzus ar to pašu parādīja, ka ir Kungs pār visu Visumā (Marka 4:35-39).

Un tā, mums jātic Visvarenajam Dievam, kas dod mums labas dāvanas pēc Savas lielās mīlestības. Mateja Evaņģēlijā 7:9-11, Jēzus saka: *„Vai starp jums ir cilvēks, kas savam dēlam, ja tas lūgs maizi, dos akmeni? Vai ja tas lūgs zivi, dos tam čūsku? Ja nu jūs ļauni būdami, saviem bērniem dodat labas dāvanas, cik daudz vairāk laba jūsu debesu Tēvs dos tiem, kas viņu lūdz."*

Mīlestības Dievs grib sūtīt pašas labākās dāvanas Saviem bērniem.

Iemīlējis mūs no visas Savas sirds, Dievs dāvāja mums Savu

Vienpiedzimušo Dēlu. Vai gan Dievs nepieliks pie tā vēl arī visu pārējo? Pravieša Jesajas Grāmatā 53:5-6, mēs lasām: „*Viņš tika caururbts mūsu pārkāpumu dēļ, sists mūsu vainas dēļ – mūs glāba pārmācība, kas nāca pār viņu, ar viņa brūcēm mēs dziedināti. Mēs visi esam noklīdušas avis, katra iet savu ceļu, bet Viņam Kungs uzlicis visu mūsu vainu.*" Pateicoties Jēzum Kristum, mēs varam iegūt dzīvību, dziedināšanu un baudīt mieru.

Ja Dieva bērni kalpo Visvarenajam un Dzīvajam Dievam, kā savam Tēvam un tic, ka viss, ko Dievs dara, nāk par labu tiem, kas Viņu mīl un, ka Viņš atbild uz to lūgšanām, kas sauc uz Viņu, tad nebūs iemeslu nemieram un pārdzīvojumiem pat kārdināšanu un pārbaudījumu laikos.

Tas arī nozīmē „ticēt Dievam", un Viņš priecājas, kad redz tādu mūsu ticības izpausmi. Dievs atbild mums pēc mūsu ticības, un parādot Savas klātbūtnes liecības, Viņš dod mums iespēju pagodināt Viņu.

3. Lūdziet ar ticību un nešaubieties.

Dievs, zemes un debess Radītājs un cilvēka Veidotājs, ļāvis ļaudīm pierakstīt Viņa gribu un providenci Bībelē, lai tie kļūtu visiem zināmi. Visos laikos Dievs atklāj Sevi tiem, kas tic Viņam un paklausa Viņa Vārdam, pierādot mums Savu dzīvo klātbūtni un visvarenību caur dažādiem brīnumiem un zīmēm. Mēs varam noticēt Dzīvā Dieva eksistencei, vienkārši skatoties uz Viņa radīto (Vēst. Romiešiem 1:20), un pagodināt Dievu, ar ticību saņemot no Viņa atbildes uz savām lūgšanām. Jāmāk atšķirt „miesīgu ticību", tas ir, kad mēs ticam Dieva vārdam, ja tas tikai atbilst mūsu pašu zināšanām, no „garīgas ticības", pateicoties, kurai mēs varam saņemt atbildes no Dieva. Ja Dieva Vārds saka mums par kaut ko, pēc cilvēciskiem standartiem, neticamu, tad, kad mēs saucam uz Dievu ar ticību Viņam, Viņš dod mums gan ticību, gan pārliecības jūtas, kas ļauj mums saņemt atbildi. Tā arī ir garīgā ticība.

Jēkaba vēstulē 1:6-8, teikts: *„Lai viņš lūdz ticībā, bez šaubīšanās, jo tas, kas šaubās, līdzinās vilnim jūrā, ko vējš svaida un dzenā. Šāds cilvēks ar sašķeltu dvēseli, kas nepastāvīgs visos savos ceļos, lai nedomā kaut ko saņemt no Kunga."*

Šaubas rodas no cilvēciskām zināšanām, domām, strīdiem un pretenzijām un tiek mūsos ienestas no ienaidnieka velna. Šaubīga sirds – no divkosības un viltības, un Dievam pret to ir riebums. Vai tad tas nav traģiski, ja jūsu bērns šaubās par to, ka jūs esat viņa bioloģiskie vecāki? Kā gan Dievs varēs atbildēt uz Savu bērnu lūgšanām, ja viņi nav spējīgi noticēt Viņam kā Savam Tēvam, neskatoties uz to, ka Dievs izaudzējis un audzinājis viņus?

Apustulis atgādina mums, ka: „*Jo miesas prāts ir naidā ar Dievu, tas nepakļaujas Dieva bauslībai, nedz arī to spēj. Tie, kas ir miesīgi, nevar būt tīkami Dievam,*" (1. vēst. Romiešiem 8:7-8). Un uzstāj uz to, ka mums jāatmet: „*jebkuru augstprātību, kas saceļas pret Dieva atzīšanu*", un jāpieņem: „ *jebkuru domu, lai tā kļūtu paklausīga Kristum,*" (2. vēst. Korintiešiem 10:5).

Dievs patiesi priecājas, kad mūsu ticība pārvēršas garīgā ticībā, un mēs atmetam visas šaubas. Tad Dievs atbild uz visām mūsu lūgšanām. Mozus un Jozua nešaubījās par Dievu, un tādēļ viņi pārgāja Sarkano jūru un Jordāni un iznīcināja Jēriku. Tādā pat veidā, ja jūs teiksiet kalnam: „celies un meties jūrā," nemaz nešauboties jūsu sirdī, tad notiks pēc jūsu vārdiem.

Bet iedomāsimies, ka jūs pavēlējāt Everesta kalnam iekrist Indijas okeānā. Vai jūs saņemsiet atbildi uz savu lūgšanu? Acīmredzami, ka, ja Everests nokļūs Indijas okeānā, tad tas novedīs pie globāla haosa. Tā kā tas nevar būt Dieva griba, tad tāda lūgšana paliks bez atbildes, lai cik jūs arī nelūgtos, tādēļ ka Dievs nedos jums garīgo ticību, ar kuru jūs varētu noticēt Viņam.

Ja jūs lūgsieties par to, kas ir pretrunā Dieva gribai pie jums neatnāks ticība, ar kuru jūs no sirds noticētu. No sākuma jūs turpināt ticēt, ka Dievs atbildēs uz jūsu lūgšanu, bet ar laiku šaubas iemājos jūsu sirdī. Mēs varēsim saņemt atbildi no Dieva, tikai ja lūdzam pēc Viņa gribas, nemaz nešauboties, ka Viņš mums atbildēs. Tāpēc, ja jūsu lūgšana paliek bez atbildes, tad jūs vai nu lūdzat par to, kas pretrunā ar Dieva gribu, vai šaubāties savā sirdī par Dieva vārdu patiesumu.

1Jāņa vēstulē, 3:21-22, teikts: „Mīļotie, ja jau mūs neapsūdz sirds, tad mums ir paļāvība uz Dievu. Ja mēs ko lūdzam, tad saņemam no Viņa, jo mēs turam Viņa baušļus un darām to, kas Viņam tīkams."

Ļaudis, kuri ievēro Dieva baušļus Viņam par prieku, nesāks prasīt par to, kas pretrunā Dieva gribai. Dievs atbildēs uz visām mūsu lūgšanām, ja tikai mēs lūdzam pēc Viņa gribas: „Visu ko jūs lūgšanā lūgsiet un ticēsiet, ka tas notiks – tas jums būs!"

Un tā, lai saņemtu atbildes uz lūgšanām, mums jāsaņem no Viņa garīgā ticība, lai mēs dzīvotu un darbotos un pēc Viņa gribas. Atmetot visus pieņēmumus un teorijas, kas saceļas pret Dieva iepazīšanu, mēs atbrīvojamies no šaubām, iegūstam garīgo ticību un saņemam no Dieva visu, ko prasīsim.

4. Viss, ko jūs lūgsiet lūgšanā un ticat, ka saņemsiet – tas jums būs.

3. Mozus grāmatā 23:19, teikts: „Dievs nav cilvēks, ka melos, nav cilvēka dēls, kam paliek žēl! Vai tad Viņš nerunā un nedara, vai sola un nepilda?"

Ja jūs patiesi ticat Dievam, lūdzat no Viņa ar ticību, nemaz nešauboties un ticat, ka jau to visu esat saņēmuši, par ko prasījāt un lūdzāties, Visvarenais un uzticamais Dievs apsolījis atbildēt uz jūsu lūgšanām.

Kāpēc gan daudzi ļaudis runā, ka viņi nesaņem atbildes uz lūgšanām, neskatoties uz viņu ticību? Vai tas ir tādēļ, ka Dievs viņiem nav atbildējis? Nē. Dievs vienmēr atbild uz lūgšanām, bet reizēm tas prasa laiku, jo ir cilvēki, kuri vēl nav gatavi būt cienīgi trauki, lai uzņemtu Viņa atbildi.

Kad fermeris apsēj lauku, viņš, protams, cer uz ražu, bet viņš negaida ražu acumirklī. Iesētās sēklas izdzen asnus, piepildās ar sulu, zied un atnes augļus. Atkarībā no tā, kas tie par augļiem, to nobriešanas laiks ir atšķirīgs. Tāpat arī mēs, pirms saņemt atbildi no Dieva, mums jāiziet augšanas un nobriešanas process.

Iedomāsimies, ka viens students lūdzas, lai iekļūtu Hāvardas universitātē. Dievs atbildēs uz lūgšanu ticībā, bet atbilde var aizņemt kādu laiku. Dievam vispirms jāsagatavo šo studentu, lai viņš kļūtu par cienīgu trauku Dieva svētībām. Dievs dos viņam centību un gribu, lai viņš varētu veiksmīgi mācīties skolā. Ja viņš turpina lūgties, Dievs atņems visus pasaulīgos nodomus, dāvās viņam gudrību un parādīs, kā mācīties vēl efektīvāk. Saskaņā ar studenta uzvedību, Dievs paredzēs arī visus šī studenta ārējos dzīves apstākļus un apgādās viņu ar nepieciešamajām zināšanām, lai iestātos universitātē, un, kad pienāks laiks, nokārtos viņa iestāšanos Hāvardas universitātē.

Tas pats attiecas arī uz ļaudīm, kas cieš no slimībām. Uzzinot no Dieva Vārda, no kā nāk slimības un par to, kā no tām izveseļoties, viņi var saņemt dziedināšanu, saucot uz Dievu ar ticību. Bet vispirms viņiem jāierauga grēka siena, kas tos šķir no Dieva un jāaiziet līdz slimības avotam. Ja slimība – tas ir ienaida rezultāts, viņiem jāatbrīvojas no šī grēka un jāpārveido sava sirds ar mīlestību. Ja slimība parādījusies miesaskāres rezultātā, viņiem jāprasa Dievam spēkus savaldīt sevi un atbrīvoties no šī kaitīgā netikuma. Izejot caur šo procesu, jūs saņemsiet no Dieva ticību, kas vajadzīga lūgšanai, un Viņš izveidos no jums trauku, kas gatavs saņemt Dieva atbildi.

Lūgšana par biznesa uzplaukumu neatšķiras no iepriekš dotajiem piemēriem. Kad jūs lūdzaties par savu biznesu, Dievs pārbauda jūs, lai izveidotu no jums trauku, kas būtu Viņa svētību cienīgs. Viņš dāvā jums gudrību un spēku, lai jūs varētu veiksmīgi vadīt un paplašināt savu darbu, nokārtojot visus apstākļus priekš jūsu biznesam labvēlīgas attīstības. Dievs atvedīs jūs pie ļaudīm, kuriem var uzticēties, palielinās pakāpeniski jūsu ienākumus un pilnveidos jūsu darbu. Un, kad pienāks labvēlīgs laiks, Dievs atbildēs uz jūsu lūgšanām, izpildot visus jūsu lūgumus.

Caur sēšanas un audzēšanas procesu, Dievs pievedīs jūsu dvēseli pie uzplaukuma, pārbaudot, cik jūsu trauks gatavs pieņemt svētības. Tādēļ jums nekad nav jāzaudē pacietība gaidot atbildi pēc savas paša izpratnes, bet jāsaskaņo gaidīšana ar Dieva laiku, turpinot ticēt, ka jau esat saņēmuši prasīto.

Pēc garīgās pasaules likumiem, Dievs vienmēr atbild uz sava bērna lūgšanām pēc taisnīguma un priecājas, kad mēs nākam pie Viņa ar ticību. Vēstulē Ebrejiem 11:6, apustulis mums atgādina: *„Bez ticības nav iespējams Dievam patikt. Tam, kas tuvojas Dievam, ir jātic, ka Dievs ir un ka viņš atalgo tos, kas viņu meklē."*

Es lūdzu mūsu Kunga vārdā, lai jūs vienmēr patiktu Dievam ar savu patieso ticību, nešauboties par to, ka jau esat saņēmuši prasīto, un saņemot visu par ko jūs lūdzat, dotu Viņam visu slavu un godu!

3. nodaļa

Lūgšana, tīkama Dievam

„Izgājis Viņš, kā ieradies, devās uz Olīvkalnu,
un arī mācekļi Viņam sekoja. Un, tajā vietā nonācis,
viņš tiem sacīja: „Lūdziet Dievu, ka jūs nekrītat kārdināšanā."
Viņš aizgāja no tiem sāņus akmens metiena attālumā un,
ceļos nometies, lūdza Dievu: „Tēvs, ja tu gribi, ņem šo biķeri
prom no Manis, tomēr, lai notiek nevis Mana, bet Tava griba."
Tad viņam parādījās eņģelis no debesīm un Viņu stiprināja.
Nāves baiļu pārņemts Viņš lūdza Dievu vēl stiprāk. Un Viņa
sviedri kā biezas asins lāses ritēja zemē",

(Lūkas 22:39-44).

1. Jēzus parādīja pareizas lūgšanas piemēru.

Lūkas Evaņģēlijā 22:39-44, mēs redzam skatu, kā Jēzus lūdzās Ģetzemes dārzā naktī, pirms tam, kā Viņam stāvēja priekšā iet pie krusta un atvērt glābšanās ceļu priekš visas cilvēces. Šis skats stāsta mums par to attieksmi un sirdi, kāda nepieciešama lūgšanai.

Kā tad Jēzus lūdzās, ka varēja ne tikai panest smago krustu, bet arī uzvarēt velnu? Ar kādu sirdi Jēzus nāca lūgšanā, lai izpatiktu Dievam un lai Tēvs sūtītu Eņģeli no debesīm, kas Viņu stiprināja?

Tagad izskatīsim to ņemot par piemēru šos pantus, kā tieši jālūdzas, lai patiktu Dievam, izpētot pie tam mūsu pašu lūgšanas dzīvi.

1) Jēzus lūdzās pastāvīgi.

Dievs liek mums lūgties nepārtraukti (1. vēstule Tesaloniķiešiem 5:17) un apsola izpildīt mūsu prasīto lūgšanā (Mateja 7:7). Bet vairums ļaužu, tomēr ķeras pie lūgšanas, tikai kad viņiem ir vajadzība vai viņi grib no Dieva kaut ko saņemt.

Par Jēzu ir teikts, ka Viņš, pēc Sava paraduma, uzkāpa Olīvkalnā (Lūkas 22:39). Pravietis Daniels nolieca ceļus lūgšanā trīs reizes dienā, saucot uz Dievu un pateicoties Viņam, tā viņš darīja vienmēr (Daniela grām. 6:10). Divi no Jēzus mācekļiem

Pēteris un Jānis nodalīja īpašu laiku lūgšanai (Apustuļu d. 3:1). Mums jāseko Jēzus piemēram, nodalot noteiktu laiku lūgšanai, un pastāvīgi jālūdzas katru dienu. Dievs īpaši mīl lūgšanu rītausmā, kad Viņam uzticam visu, kas paredzēts ļaudīm šajā dienā, visus viņu darbus; un vakara lūgšanu, kad dienai beidzoties, viņi pateicas Dievam par aizsardzību. Un caur šīm lūgšanām jūs varat saņemt Viņa vareno spēku.

2) Jēzus lūdzās lokot ceļus.

Kad mēs lokam ceļus, mūsu sirds ir patiesa lūgšanā, un mēs ar to pašu parādam dziļu cieņu pret To, pie kā vēršamies. Tā ir pilnīgi dabīga vēršanās pie Dieva stāvot uz ceļiem.

Jēzus, Dieva Dēls, lūdzās pazemībā metoties ceļos Visvarenā Dieva priekšā. Un Ķēniņš Salamans (1. Ķēniņu grām, 8:54) un apustulis Pāvils (Apustuļu, 20:36) un diakons Stefans, ticības moceklis (Apustuļu 7:60) – visi viņi lūdzās nometušies uz ceļiem.

Parasti, kad mēs kaut ko lūdzam no vecākiem vai augstākas priekšniecības mēs pārdzīvojam, lai mēs neizdarītu kādu kļūdu. Tad kā gan mēs varam vērsties pie Dieva Radītāja, esot nevīžīgā ārējā izskatā un ar netīrām domām? Nometoties ceļos mēs ar to parādam, ka mūsu sirds godā Dievu un tic Viņa spēkam. Mums jāsaved sevi tīrīgā izskatā un pazemīgi jānoliec ceļi, vēršoties lūgšanā pie Dieva.

3) Jēzus lūdzās pēc Dieva gribas.

Jēzus vērsās pie Dieva, sakot: „... *lai notiek nevis mana, bet Tava griba,"* (Lūkas 22:42). Dieva Dēls, bez grēka un vainas, nonāca uz zemes, lai nomirtu pie krusta. Tādēļ viņš lūdzās: „*Tēvs! Ja Tu gribi, ņem šo biķeri prom no Manis!"* Bet Viņš zināja, ka tā ir Dieva griba, lai izglābtu cilvēci caur vienu cilvēku un vienmēr lūdzās par to, lai notiktu Dieva griba. 1. vēstulē Korintiešiem 10:31, mēs lasām: „*Tādēļ, vai ēdat vai dzerat, vai ko citu darāt, visu dariet Kungam par godu."* Dievs nesadzirdēs mūs, ja mūsu mērķis – savu paša vēlmju apmierināšana, bet ne Dieva pagodināšana un Viņa gribas pildīšana. Jēkaba vēstulē 4:2-3, Dievs mums saka: „*Jūs iekārojat, bet neiegūstat, jūs nogalināt un degat skaudībā, bet nevarat sasniegt, jūs cīnāties un karojat, bet jūs neiegūstat, tādēļ ka jūs nelūdzat, jūs lūdzat, bet neiegūstat, tādēļ ka lūdzat aplami, lai tērētu savām baudām."* Un tā, mums jāpaskatās uz sevi no malas – vai mēs nelūdzamies tikai par pašu vajadzībām.

4) Jēzus lūdzoties atradās cīņā.

Lūkas Evaņģēlijā 22:44, mēs lasām cik patiesa un atklāta bija Jēzus lūgšana: „*Nāves baiļu pārņemts Viņš lūdza Dievu vēl stiprāk un Viņa sviedri kā biezas asins lāses ritēja zemē."*

Kad Jēzus lūdzās Ģetzemanes dārzā, bija jau vēss, nebija iespējas nosvīst no karstuma. Mēs varam tikai iedomāties, cik patiesi un atklāti Jēzus sauca uz Dievu, ja Viņa sviedru lāses kļuva par asins pilieniem, kas krīt uz zemi. Nekas tāds nevarētu notikt, ja Jēzus lūgtos klusi, pie Sevis. Bet Jēzus skaļi sauca uz Dievu, dedzīgi un atklāti, tā ka sviedru lāses pārvērtās par asins lāsēm, kas krīt uz zemi.

1. Mozus Grāmatā 3:17, Dievs saka Ādamam:
„Tāpēc, ka tu paklausīji savas sievas balsij un ēdi no koka, par ko Es tev pavēlēju: neēd no tā! – nolādēta, lai tevis dēļ zeme, mokās tu no tās ēdīsi visas dienas, kamēr dzīvosi!"

Līdz tam kā Dievs nolādēja cilvēku, Ādams dzīvoja pārpilnībā, saņemot visu no Dieva. Bet, kad grēks iegāja viņā caur viņa nepaklausību Dievam, pārtrūka cilvēka kontakts ar viņa Radītāju, un viņš bija spiests gādāt sev iztiku sava vaiga sviedros.

Ja tas, ko mēs varam izdarīt ar saviem spēkiem, mums tiek dots ar smagu darbu, tad kā būt, kad mēs lūdzam Dievu par kaut ko, ko izdarīt nav mūsu spēkos? Lūdzu, atcerieties, ka mēs varam saņemt no Dieva to, ko vēlamies, tikai saucot uz Dievu un centīgi pūloties vaiga sviedros. Un arī, neaizmirstat, ka Dievs licis mums sava vaiga sviedros gādāt sev maizi un ka Pats Jēzus atrodoties nāves bailēs, centīgi lūdzās. Atceraties par to, dariet pa pašu, ko darīja Jēzus un lūdzaties tā, kā tas patīk Dievam.

Mēs izskatījām pareizas Jēzus lūgšanas piemēru. Ja Jēzus, kam bija visa vara, lūdzās ar tādu centību, tad cik vairāk spēka jāpieliek mums, Dieva radījumiem? Tas kā mēs lūdzamies, parāda mūsu sirds stāvokli. Tādēļ mūsu sirds stāvoklis tikpat svarīgs, kā arī tā attieksme, ar kādu mēs pieejam lūgšanai.

2. Lūgšanas, pret kuru Dievam labs prāts, pamati.

Ar kādu sirdi mums jāvēršas pie Dievu, lai Viņam patiktu un saņemtu atbildes uz mūsu lūgšanām?

1) Lūdzieties no visas sirds.

Pēc tā piemēra, kā lūdzās Jēzus, mēs uzzinājām, ka no attieksmes pret lūgšanu atkarīgs tas, kā cilvēks lūdz Dievu un vai viņš tajā ieliek visu savu sirdi. Šī attieksme dod iespēju pateikt ar kādu sirdi cilvēks lūdz.

Paskatieties uz Jēkaba lūgšanu 1. Mozus grāmatā 32. nodaļā. Sasniedzot Jordānas straumi, Jēkabs nokļuva apgrūtinošā stāvoklī. Viņš nevarēja atgriezties atpakaļ, jo bija noslēdzis līgumu ar savu tēvoci Lābanu, ka nepāries Galedas pakalnu. Bet aiz Jordānas straumes viņu gaidīja Ēzavs ar 400 cilvēku karapulku, lai viņu notvertu. Tas bija Jēkabam smags laiks, kad viņa lepnums un patmīlība uz ko viņš balstījās, pilnībā sagruva. Viņš beidzot saprata, ka varēs izbēgt no nepatikšanām, tikai ja visā sāks paļauties uz Dievu. Cīnoties ar Eņģeli un lūdzot viņu svētīt, Jēkabs savainoja sev gūžas kaulu, bet beigu beigās saņēma no Dieva atbildi. Dievs bija aizkustināts no Jēkaba neatlaidības un ļāva viņam salīgt mieru ar savu brāli Ēzavu.

Izskatīsim uzmanīgāk 18. nodaļu 1. Ķēniņa grāmatā, kurā pravietis Elija saņēma, kā atbildi uz lūgšanu, uguni no debesīm un pagodināja Dievu. Ķēniņa Āhaba valdīšanas laikā, kad zēla elkdievība, Elija nostājās pret 450 Baāla praviešiem, uzvarēja tos ar Dieva spēku un parādīja visam Izraēlam liecību par Dzīvo Dievu.

Tas bija sausuma laikā Izraēlā, kas ilga trīs ar pusi gadus, un ķēniņš Āhabs apvainoja tajā pravieti Eliju, meklēja viņu, lai nogalinātu. Bet, kad Dievs pavēlēja Elijam nostāties Āhaba priekšā, viņš nekavējoši to izpildīja. Pravietis ar ticību atnāca pie ķēniņa, kurš meklēja viņu, lai nonāvētu, un dedzīgi sludināja Dieva vārdus, mainot visu notikumu gaitu ar ticīgas lūgšanas palīdzību, bez jebkādām šaubām un kļuva par liecinieku tam, kā Izraēliešu tauta, kas pielūdza elkus, pienesa grēku nožēlas augļus un atgriezās pie Dieva. Un vēl, Elija lūdza Dievu tik dedzīgi par to, lai Dieva spēks nonāktu uz zemes un sausums, kas bija zemi kaltējis trīs ar pusi gadus beigtos, ka nokrita pie zemes, un viņa seja nokrita starp viņa ceļiem (1. Ķēniņu grām. 18:42).

Dievs mums atgādina praviešā Ecehiēla Grāmatā (36:36-

37): *...,, Es esmu KUNGS – es uzceļu. Tā saka KUNGS Dievs: arī šo Izraēla nama lūgumu Es izpildīšu..."*. Citiem vārdiem, neskatoties uz to, ka Dievs apsolīja Elijam sūtīt lietu uz zemi, lietus nevarēja nolīt līdz tam laikam, kamēr Elija nebija to izlūdzis. Lūgšana no sirds tīkama Kungam, un Dievs vienmēr atbildēs uz tādu lūgšanu, lai mēs varētu Viņu vēl vairāk pagodinātu.

2) Lūgšanā sauciet uz Dievu.

Dievs apsola, ja mēs sauksim uz Viņu sirsnīgā lūgšanā, Viņš mūs sadzirdēs un nāks mums pretim (Praviešā Jeremijas grām. 29:12-13; Sakāmvārdi 8:17). Praviešā Jeremijas grām. 33:3 Dievs mums apsolījis: *,, Sauc Mani, un Es tev atbildēšu, un Es vēstīšu tev lielas un apslēptas lietas, ko tu nezini."* Dievs grib, lai mēs skaļi sauktu uz Viņu lūgšanā, tādēļ ka tikai tad mēs varēsim lūgties no visas sirds. Citiem vārdiem, skaļā balsī saucot uz Dievu, mēs atbrīvojamies no visām savām pasaulīgām domām, noguruma un miegainības, un visas mūsu pašu domas mūs atstāj.

Pie tam, daudzas baznīcas šodien māca, ka klusa uzvedība baznīcā arī ir svētuma un labas uzvedības pazīme. Ja kāds sāk skaļi saukt uz Dievu, apkārtējie uzskata viņu par neaudzinātu un pat par ķecerīgu. Viss tas notiek aiz Dieva Vārda un Dieva gribas nezināšanas.

Pirmās draudzes varēja iepriecināt Dievu, tās bija lielas

atmodas un Dieva spēka atklāšanās liecinieces; viņi atradās Svētā Gara pilnībā, vienprātībā pacēla savas balsis uz Dievu (Apustuļu darbi 4:24). Bet arī šodien mēs redzam, kā Dievs dara daudz brīnumus, kur klātesošs Dieva spēks un, kur ļaudis sauc uz Dievu skaļā balsī, sekojot Dieva gribai.

„Saukt uz Dievu" nozīmē skaļu un dedzīgu vēršanos pie Dieva lūgšanā. Tāda lūgšana piepilda visus brāļus un māsas Kristū ar Svētā Gara spēku, izdzen naidīgos velna spēkus un dod viņiem iespēju saņemt debesu dāvanas un atbildes uz savām lūgšanām.

Bībelē ir daudz piemēru par to, kā Jēzus un ticības patriarhi skaļi sauca uz Dievu un saņēma atbildes uz saviem lūgumiem.

Tagad izskatīsim dažus piemērus no Vecās Derības.

1 Mozus grāmatā 15:22-25, aprakstīta situācija,
kad Izrēlieši, kas izgāja no Ēģiptes, tikko kā bija pārgājuši Sarkano jūru, kas atkāpās paklausot Mozus lūgšanai. Taču Izraēliešu ticība bija tik maza, ka viņi sāka kurnēt pret Mozu, kā tikai viņiem beidzās ūdens rezerves un pārtika Sūzas tuksnesī. Bet, kad Mozus sauca uz Dievu, rūgtais Māras ūdens kļuva salds.

3 Mozus Grāmatā 12. nodaļā mēs lasām par to, ka Mozus māsa Mirjama saslima ar spitālību pēc tam, kad uzdrošinājās pārmest Mozum. Bet kad Mozus sauca uz Kungu: „*Ak, Dievs, lūdzu dziedini viņu!*" - Dievs attīrīja viņu no spitālības.

Pirmā Samuēla grāmatā 7:9, mēs lasām: „*Tad Samuēls*

ņēma vienu zīdāmu jēru un to visu upurēja Tam Kungam kā dedzināmo upuri; un Samuēls skaļā balsī lūdza Izraēla labad To Kungu, un Tas Kungs viņu uzklausīja."
Pirmajā Ķēniņu grām. 17. nodaļā stāstīts par atraitni no Sareptas, kas parādīja viesmīlību Dieva kalpam – Elijam. Kad atraitnes dēls saslima un nomira, Elija sauca uz Dievu: „... *Kungs, mans Dievs, lūdzu, šī bērna dvēselei atkal atgriezties tanī atpakaļ!"* Dievs sadzirdēja Elijas balsi, un tas atdzīvojās (1. Ķēniņu 17:21-22). Mēs redzam, ka Dievs atbildēja uz pravieša lūgšanu, kad sadzirdēja viņa saucienu.

Jona bija lielas zivs aprīts un pavadīja tās vēderā 3 dienas savas nepaklausības dēļ. Bet arī viņš saņēma atbrīvošanu, kad skaļi sauca uz Dievu lūgšanā. Pravieša Jonas grāmatā 2:3, mēs redzam, kā lūdzās Jona: *„Es piesaucu To Kungu savās bēdās, un Viņš atbildēja man; es kliedzu no pazemes dziļumiem, un Tu sadzirdēji manu saucienu."* Dievs sadzirdēja Jonas saucienu un izglāba viņu. Lai arī kādos apgrūtinošos apstākļos mēs atrastos, pat ja mūsu stāvoklis tikpat izmisīgs kā Jonam, Dievs vienmēr izpildīs mūsu sirds vēlmes un atrisinās visas mūsu problēmas, ja tikai mēs atzīsim un nožēlosim savus grēkus un sauksim uz Viņu.

Un arī Jaunajā Derībā daudz piemēru tam, kā cilvēki sauc lūgšanā uz Dievu.

Jāņa Evaņģēlijā 11:43-44, Jēzus sauca stiprā balsī: „*Lācar, nāc ārā!"* - un mirušais iznāca, aptīts ar apbedīšanas autiem uz rokām un kājām un viņa seja bija apsieta ar lakatu. Priekš Lācara nebija nozīmes, kā viņu pasauca Jēzus – skaļā balsī vai čukstot. Bet Jēzus stipri sauca uz Dievu un atgrieza dzīvei Lācaru, kurš bija pavadījis kapā 4 dienas. Lūdzoties pēc Dieva gribas, Jēzus izdarīja brīnumu un deva godu Dievam.

Marka Evaņģēlijā 10:46 – 52, mēs lasām par aklo ubagu vārdā Bartimejs, kas lūdza žēlastības dāvanas:

„Un tie nāk uz Jēriku; un Viņam ar Saviem mācekļiem un daudz ļaudīm no Jērikas izejot, Timeja dēls Bartimejs, kāds akls ubags, sēdēja ceļmalā. Un izdzirdējis, ka tas esot Jēzus no Nācaretes, viņš sāka saukt un sacīt: „Jēzu, Tu Dāvida dēls, apžēlojies par Mani!" Un daudzi to apsauca, lai paliek klusu. Bet tas jo vairāk brēca: „Dāvida dēls, apžēlojies par mani!" Un Jēzus apstājies sacīja: „Ataiciniet viņu." Un tie ataicināja aklo, tam sacīdami: „Turi drošu prātu, celies, Viņš tevi aicina." Un savu apmetni nometis, tas cēlās un nāca pie Jēzus. Un Jēzus griezās pie tā un sacīja: „Ko tu gribi, lai Es tev daru?" Un aklais Viņam sacīja: „Rabuni, ka es varētu redzēt." Un Jēzus tam sacīja: „Ej, tava ticība tev palīdzējusi." Un tūdaļ tas kļuva redzīgs, un pa ceļu Viņam sekoja."

Svēto Apustuļu darbos, 7:59-60, mēs lasām par diakonu

Stefanu. Kad viņu nomētāja ar akmeņiem par ticību, viņš skaļi kliedza uz Kungu: „Kungs Jēzu, pieņem manu garu!" Un nokritis uz ceļiem, kliedza skaļā balsī: „Kungs, nepielīdzini viņiem šo grēku!"

Bet Apustuļu darbos, 4:23-24; 31, mēs lasām: „*Atbrīvoti tie nāca pie savējiem un stāstīja, ko augstie priesteri un vecaji tiem bija sacījuši. To dzirdējuši, viņi vienprātīgi lūdza Dievu, sacīdami: Kungs, Tu, kas esi radījis debesis un zemi un jūru un visu, kas tanī!... Kad viņi beidza Dievu lūgt, vieta, kur tie bija sapulcējušies, nodrebēja, un tie visi kļuva Svētā Gara pilni un drošu sirdi runāja Dieva vārdus.*"

Saucot uz Dievu, jūs varat kļūt par īstiem Jēzus Kristus lieciniekiem un parādīt Svētā Gara spēku.

Un arī, kad mēs gavējam, Dievs licis mums saukt uz Viņu. Ja, gavējot, mēs lielāko laika daļu guļam aiz nespēka, tad mēs nesaņemam atbildi no Dieva. Pravieša Jesajas grāmatā 58:9, Dievs apsola: „*Kad tu sauksi, Tas Kungs tev atbildēs; kad tu sauksi pēc palīdzības, Tas Kungs sacīs: redzi, še Es esmu!...*" Dieva labvēlība un spēks nonāks uz mums, ja mēs sauksim uz Kungu gavēņa laikā; vēršoties pie Dieva, mēs varēsim uzvarēt un saņemt no Viņa visu, ko vien lūgsim.

Izstāstot līdzību par uzstājīgo atraitni, Jēzus uzdeva retorisku jautājumu: „*Vai gan Dievs neaizsargātu Savus izredzētos, kas dienu un nakti Viņu piesauc, kaut gan Viņš vilcinās?"* – un aicināja mācekļus saukt uz Dievu lūgšanā (Lūkas, 18:1-8).

Mateja Evaņģēlijā 5:18, Jēzus saka: *"Jo patiesi Es jums saku: tiekams debess un zeme zudīs, nezudīs neviena ne vismazākā rakstu zīmīte, ne rakstu galiņš no bauslības, iekams viss notiek."* Kad Dieva bērni lūdz, viņiem tas ir dabiski pacelt savu balsi lūgšanā. Tajā ietilpst Dieva bauslis. Dieva likums liek mums pārtikt no sava darba, un mēs varam saņemt atbildi no Dieva, kad mēs saucam uz Viņu.

Tam bieži iebilst, norādot uz Mateja Evaņģēliju (6:6-8), un jautā: „Priekš kam mums saukt uz Dievu? Vai tad Dievs nezin par mūsu vajadzībām vēl pirms tā, kā mēs prasīsim. Vai tad Jēzus nav licis lūgt slepenībā, slēgtā kambarī? Bet Bībelē mēs nekur neatradīsim ļaudis, kuri slepus lūdzas, ērti iekārtojušies savā aizslēgtā istabā."

Šo pantu no Mateja (6:6-8) patiesā jēga ir tajā, lai mudinātu mūs lūgties no visas sirds. Ieejot sevī un aizverot aiz sevis durvis. Paliekot aizslēgtā istabā, mēs saraujam visus kontaktus ar ārējo pasauli. Un šajos pantos Jēzus aicina mūs atbrīvoties no visām miesīgām domām, pasaulīgām rūpēm un sadzīviskiem pārdzīvojumiem, lai ar tīru sirdi sauktu uz Dievu lūgšanā.

Vēl arī, Jēzus minējis par aizslēgto istabu, lai dotu ļaudīm saprast, ka Dievs nedzird farizeju un rakstu mācītāju lūgšanas, kuri Jēzus laikā sauca uz Dievu skaļā balsī, lai saņemtu uzslavu no tiem, kas viņus redzēja. Mums nav jālepojas ar mūsu lūgšanas ilgumu. Bet ar atvērtu sirdi, atrodoties cīņā, mums jāsauc uz To, Kas zina visus mūsu nodomus, mūsu vajadzības un vēlmes un Kas ir „viss visā." Grūti lūgties no visas sirds klusā lūgšanā. Ja jūs pamēģināsiet domās lūgties nakts laikā ar aizvērtām acīm, tad drīzumā nogurums un pasaulīgas domas novērsīs jūs no lūgšanas. Noguruši atgaiņājot miegu, jūs pat nepamanīsiet, kā iemiegat.

Jēzus nelūdzās klusā istabā, bet: „Viņš aizgāja uz kalnu Dievu lūgt; un Viņš pavadīja visu nakti Dieva lūgšanā" (Lūkas 6:12), un tāpat „*no rīta gaiļos cēlies, Viņš izgāja un nogāja kādā vientuļā vietā un tur Dievu pielūdza"* (Marka 1:35).

Atrodoties savā namā, pravietis Daniels nolieca ceļus logu priekšā, kas bija atvērti uz Jeruzalemi, un trīs reizes dienā lūdza un pateicās Dievam (Pravieša Daniela grām. 6:10). Mēs lasām par Pēteri, kurš gāja lūgties uz mājas jumta (Apustuļu, 10:9), un par Pāvilu, kurš esot Filipā, devās aiz pilsētas, upes malā, uz parasto lūgšanu vietu (Apustuļu d. 16:13;16). Visi šie ļaudis izvēlējās īpašu vietu lūgšanai no visas sirds. Jums jālūdzas tā, lai jūsu lūgšana uzvarētu ienaidnieka velna spēkus, kuram pieder vara pār šo pasauli, un aizsniegtu Debesu Troni. Tikai tad Dievs piepildīs jūs ar Svēto Garu, atbrīvos jūs no kārdināšanām un piepildīs visas jūsu mazās un lielās vajadzības.

3) Jūsu lūgšanai jābūt ar mērķi.

Vieni stāda kokus, lai dabūtu kokmateriālus. Citi ar aprēķinu saņemt no kokiem augļus. Bet citi stāda augus, lai ar tiem izrotātu savu dārzu. Ja cilvēkam, kas stāda koku nav apzināta mērķa, viņš drīzumā pārstāj par stādīto rūpēties, vēršot savu uzmanību uz citiem darbiem.

Skaidrs mērķis – tā ir veiksmes ķīla jebkurā uzņēmumā; skaidrs mērķis atnes ātrākus un labākus rezultātus. Ja nav mērķa, visas mūsu pūles neizturēs pat nenozīmīgus šķēršļus, jo, esot bez skaidra virziena, mēs esam nolemti šaubām un svārstībām.

Vēršoties lūgšanā pie Dieva, mums jānostāda sev priekšā skaidrs mērķis. Dievs apsola dot mums visu, par ko lūgsim, ja mēs vēršamies pie Viņa ar ticību (1. Jāņa vēst 3:21-22). Kad mēs skaidri apzināmies lūgšanas mērķi, mēs varam saukt uz Dievu ar lielu degsmi un neatlaidību. Un Dievs, redzot, ka mūsu sirds bez vainas, izpildīs visu, par ko mēs prasām. Mums vienmēr skaidri jāsaprot, kas ir mūsu lūgšanas mērķis, lai mūsu lūgšana būtu Kungam tīkama.

4) Jums jālūdzas ar ticību.

Katram cilvēkam ir savs ticības mērs, un Dievs atbild mums

atkarībā no mūsu ticības līmeņa. Kad ļaudis pirmoreiz pieņem Jēzu Kristu, atverot Viņam savas sirdis, Svētais Gars iemājo viņos, un Dievs atzīst viņus par Saviem bērniem, pat ja viņu ticība šajā laikā ir sinepju graudiņa lielumā.

Atrodoties lūgšanā un dzīvojot pēc Dieva Vārda, ievērojot Kunga Dienu un pildot Dieva baušļus, cilvēks audzē savu ticību. Bet, ja pirms tam kā viņš nostājies uz ticības akmens, uz viņa ceļa būs jāsatiek kārdinājumi un bēdas, viņš var sākt kurnēt un vilties Dievā. Tikai nostiprinoties uz ticības akmens, cilvēks spēs stāties pretī jebkuriem kārdinājumiem, vienmēr ar ticību un lūgšanu raugoties uz Kungu. Dievs redz tādu ticību un nekad neatstāj tos, kas Viņu mīl.

Pastāvīgi piepildot lūgšanu trauku ar spēku, kas dots no Augšienes, cilvēks varēs veiksmīgi cīnīties ar grēku, arvien vairāk kļūstot līdzīgs Kungam. Viņš skaidri redzēs Dieva gribu un to pildīs. Tāda ticība tīkama Dievam, un tāds cilvēks saņems visu, lai ko nelūgtu. Pieaugot ticības pilnībā, mēs saņemsim apsolījumus, kas ierakstīti Marka Evaņģēlijā (16:17-18): „*Bet šīs zīmes ticīgiem ies līdzi: Manā vārdā tie ļaunus garus izdzīs, jaunās mēlēs runās, tie ar rokām pacels čūskas, un, kad tie dzers nāvīgas zāles, tad tās tiem nekaitēs. Nevesaliem viņi rokas uzliks, un tie kļūs veseli.*" Un cilvēks ar stipru ticību, un cilvēks ar mazu ticību – katrs saņems atbildi no Dieva pēc sava ticības mēra.

Ticība mēdz būt egoistiska, tā kuru mēs esam ieguvuši pēc

pašu ieskata, un mēdz būt – Dieva dota. Egoistisku ticību nepavada darbi, bet ticība, kas Dieva dota, garīga ticība, vienmēr izpaužas darbos. Bībelē teikts, ka ticība ir paļaušanās uz to, kas cerams (Vēst. Ebrejiem 11:1). Taču egoistiska ticība nepieved pie pārliecības. Pat esot ar ticību, kas pietiek, lai pārdalītu Sarkano jūru un pārvietotu kalnus, nevar rēķināties ar Dieva atbildi.

Dievs dod mums „dzīvu ticību", kura izpaužas darbos katru reizi, kad mēs lūdzamies un pildām Viņa gribu. Kad mēs demonstrējam Dievam visu ticību, kura mums jau ir, šī ticība savienojas ar „dzīvo ticību", kuru Dievs ieliek mūsos; tādā veidā mūsu ticība kļūst stiprāka, pateicoties tam, mēs varam saņemt atbildes uz savām lūgšanām bez kavēšanās. Reizēm ļaudis izjūt absolūtu pārliecību, ka Dievs viņiem atbildēs. Tā ir zīme tam, ka tāda ticība - no Dieva un, ka tādi ļaudis jau saņēmuši atbildi uz saviem lūgumiem.

Un tā, nemaz nešauboties, sāksim paļauties uz apsolījumiem, ko mums devis Jēzus Marka Evaņģēlijā (11:24): *„ Tāpēc Es jums saku: visu, ko jūs lūgdami lūgsiet, ticiet, ka jūs dabūsiet, tad tas jums notiks."* Lūdzieties līdz tam laikam, kamēr neiegūsiet pārliecību atbildē no Dieva un nesaņemsiet visu, par ko lūdzat (Mateja 21:22).

5) Jums jālūdzas mīlestībā.

Vēstulē Ebrejiem 11:6, mums teikts: *"Bet bez ticības nevar patikt. Jo tam, kas pie Dieva griežas, nākas ticēt, ka Viņš ir un ka Viņš tiem, kas Viņu meklē, atmaksā."* Ja mēs ticam, ka Dievs atbildēs uz mūsu lūgšanām, un, ka visas mūsu pūles pārvērtīsies par debesu balvām, mums neienāks prātā uzskatīt lūgšanas par apgrūtinošu nodarbošanos. Jēzus cīnoties lūdza, lai atdotu Savu dzīvību par ļaudīm; un arī mēs saņemsim spēku lūgšanā, ja ar mīlestību sāksim lūgt par ļaužu dvēselēm. Ja jūs varat patiesi mīlēt citus, tad jūs varat nolikt sevi viņu vietā un saprast viņu grūtības, kā sava paša, kas pieliks jums spēkus lūgšanā.

Iedomāsimies, ka jūs lūdzat par jaunas baznīcas būvniecību. Jums jālūdzas par to ar tādu pašu dedzību, kā ja jūs lūgtu par sava paša mājas celtniecību. Kad mēs lūdzamies par savu māju, mēs prasām Dievam par zemi, būvmateriāliem un strādniekiem. Tieši tāpat mums jālūdzas Dievam par visu nepieciešamo baznīcas būvniecībai. Ja jūs lūdzaties par slimo, pacenšaties iedomāties sevi viņa vietā un lūdzaties no visas sirds, pārdzīvojot viņa sāpes kā pašam savas.

Jēzus bieži locīja ceļus un atradās lūgšanu cīņā, lai izpildītu Dieva gribu Savā lielajā mīlestībā uz Dievu un uz visu cilvēci. Rezultātā Viņš atvēra mums glābšanas ceļu, un tagad katrs, kas pieņem Jēzu Kristu, saņem grēku piedošanu un visu varu, kas ir patiesiem Dieva bērniem.

Zinot, kā lūdzās Jēzus, mēs saprotam, kāda lūgšana tīkama Dievam. Un tā, pārbaudiet savu attieksmi pret lūgšanu un sirdi, lūdzaties tā, lai jūsu sirds un jūsu attieksme iepriecinātu Dievu, un jūs saņemsiet atbildes uz visām jūsu lūgšanām.

4. nodaļa

Lai jūs neiekristu kārdināšanā

„Un Viņš nāk pie mācekļiem un atrod tos guļam un saka uz Pēteri: „Tātad jūs nespējat nevienu pašu stundu būt ar Mani nomodā?" Esiet modrīgi un lūdziet Dievu, ka jūs neiekrītiet kārdināšanā, gars ir gan labprātīgs, bet miesa ir vāja,"

(Mateja 26:40-41).

1. Lūgšanu dzīve – mūsu gara elpošana.

Mūsu Dievs – Dzīvs, un Viņš ir valdnieks pār cilvēka dzīvību, viņa nāvi, lāstiem un svētībām, mīlestību, taisnīgumu un patiesumu. Viņš nevēlas, lai Viņa bērni iekristu kārdināšanās vai ciestu, bet grib, lai visiem būtu dzīvība, pilna svētībām. Tādēļ Dievs sūtījis Svēto Garu, Padomdevēju, Kurš palīdzēs Saviem bērniem uzvarēt šo pasauli, izdzīt velnu un dzīvot pilnvērtīgu un veselīgu dzīvi un nonākt pie glābšanas.

Dievs pravieša Jeremijas grāmatā (29:11-12) mums apsolījis: *"Jo Es zinu, kādas Man domas par jums, saka Tas Kungs, miera un glābšanas domas un ne ļaunuma un ciešanu domas, ka Es jums beigās došu to, ko jūs cerat. Kad jūs Mani tad piesauksiet, Es jums atbildēšu, un, kad jūs nāksit un Mani pielūgsiet, Es jūs paklausīšu."*

Mums jālūdz, ja gribam dzīvot mierā un ar cerību. Atrodoties pastāvīgā lūgšanā, mēs izbēgsim no kārdināšanām, sasniegsim dvēseles uzplaukumu, izdarīsim to, kas agrāk šķita neiespējams, gūsim panākumus ikkatrā darbā un būsim ar labu veselību. Bet, ja Dieva bērni pārstāj lūgties, tad nokļūst kārdināšanu un ciešanu priekšā, tādēļ ka velns staigā, kā rūcošs lauva, meklējot, ko aprīt.

Dzīve bez elpošanas beidzas un tieši tāpat grūti pārvērtēt lūgšanas lomu Dieva bērnu garīgajā dzīvē. Dievs liek mums nepārtraukti lūgties (1. vēst. Tesaloniķiešiem 5:17), nosaucot par grēku nevērību pret lūgšanu (1. Samuēla 12:23) un aicinot mūs uz lūgšanu, lai mēs neiekristu kārdināšanā (Mateja 26:41). Nesen pieņēmušie Jēzu Kristu bieži nezin, kā lūgties, un uzskata to par nogurdinošu nodarbi. Mūsu mirušais gars atdzimst, kad mēs pieņemam Jēzu Kristu un saņemam Svētā Gara dāvanu. Bet mēs pagaidām esam tikai garīgi bērni un mums patiešām grūti lūgties.

Taču, ja Dieva bērni pastāvīgi lūgšanā un Dieva Vārds viņiem ir kā dienišķā maize, tad viņu gars nostiprinās un lūgšanas efektivitāte pieaug. Atnāk saprašana, ka, kā elpošana nepieciešama ķermeņa dzīvošanai, tāpat arī lūgšana nepieciešama gara dzīvībai.

Es atceros, kā bērnībā mēs sacentāmies cits ar citu, kas varēs ilgāk aizturēt elpošanu. Divi nostājās cits pret citu un izdarīja dziļu ieelpu. Trešais komandēja un, kā tikai viņš nokliedzās „gatavs" abi, kas sacentās, dziļi ieelpoja un pēc komandas „sākt!" viņi ar nosvērtu sejas izteiksmi aizturēja elpu.

Iesākumā tas šķita ne visai sarežģīti. Bet drīz bērnu sejas kļūst saspringtas un sarkanas. Beidzot viņi vairs nevar apvaldīt sevi un spiesti izdarīt izelpu. Elpošana absolūti nepieciešama mums lai dzīvotu.

Tāpat ir arī ar lūgšanu. Kad garīgs cilvēks pārstāj lūgties, viņš var neievērot lielu atšķirību pirmajā brīdī. Bet ar laiku tas arvien vairāk atstāj ietekmi uz viņa sirdi. Ja mēs šajā laikā varētu redzēt viņa garu, tad ieraudzītu, ka tas smok. Ja tāds cilvēks sāk saprast savu problēmu un atjauno lūgšanu, viņš var atjaunot normālu kristīgu dzīvi. Bet ietiepjoties savā grēkā, viņš arvien vairāk un vairāk sajutīs tukšumu un nospiestību savā sirdī, un visi viņa darbi neveiksies.

Dievs nevēlas, lai mēs izdarītu pārtraukumu lūgšanās. Kā pēc elpas aiztures, mēs ilgi nonākam pie normas, tā arī, pieļaujot pārtraukumu lūgšanu dzīvē, mums nāksies to ilgi atjaunot. Un jo garāks bija šis pārtraukums, jo grūtāka būs atjaunošanās.

Tie, kas saprot, ka lūgšana – tā ir gara elpošana, neuzskata lūgšanu par kaut ko grūtu. Kad lūgšana kļūst par vēlamu paradumu, mēs piepildāmies ar mieru, cerību un prieku un jau nevaram iedomāties sev dzīvi bez lūgšanas. Jo vairāk mēs lūdzamies, jo vairāk Dievs mums atbild, lai mēs varētu dot Viņam visu godu un slavu.

2. Iemesli, kuru dēļ kārdināšanas nāk pie tiem, kas nelūdzas.

Jēzus parādīja mums lūgšanas piemēru un lika saviem mācekļiem būt nomodā un lūgties, lai neiekristu kārdināšanā (Mateja 26:41). No citas puses, tas nozīmē, ka novēršoties no lūgšanas, mēs iekritīsim kārdināšanā. Kāpēc tad kārdināšanas sasniedz tos, kas izvairās no lūgšanām?

Kad Dievs radīja pirmo cilvēku, Ādamu, viņš izveidoja viņu par dzīvu dvēseli, kas ļāva viņam kontaktēties ar Dievu, Kas ir Gars. Bet, pēc tā kā Ādams ēda no laba un ļauna atzīšanas koka un nepaklausīja Dievu, viņa gars nomira, kontakts starp Dievu un cilvēku pārtrūka, un Ādams bija izdzīts no Ēdenes dārza. Velns – valdnieks, kas valdīja gaisā, pakļāva cilvēku, un cilvēks arvien vairāk iegrima grēku dzelmē.

Grēka alga – nāve (vēst. Romiešiem 6:23), un Dievs radīja glābšanas plānu caur upuri – Jēzu Kristu, lai izglābtu cilvēci, kas bija nolemta nāvei. Dievs pieņem par Savu bērnu ikvienu, kas pieņēmis Jēzu kā Glābēju, nožēlojis grēkus, atzīstot sevi par grēcinieku, un dod dāvanā Svēto Garu kā glābšanas ķīlu.

Svētais Gars, Mierinātājs, Dieva sūtīts, lai atklātu pasaulei par grēku, par patiesību un par tiesu (Jāņa 16:8); Viņš aizlūdz par mums ar bezvārdu nopūtām (Vēst. Romiešiem 8:26), un palīdz mums uzvarēt pasauli.

Lūgšana nepieciešama, lai piepildītos ar Svēto Garu un dzīvotu Viņa vadībā. Svētais Gars vēršas pie mums lūgšanas laikā, virza mūsu prātu un mūsu sirdi, brīdina par mums draudošām kārdināšanām un palīdz uzvarēt kārdināšanas, ja tās tomēr gadījušās mūsu ceļā.

Bet bez lūgšanas mēs nevaram atšķirt Dieva gribu no cilvēka gribas. Dzenoties pēc pasaulīgām vēlmēm, bez lūgšanu dzīves, ļaudis veido savu dzīvi pēc pašu saprašanas un paštaisnības. Viņiem tādā gadījumā neizvairīties no kārdināšanām, ciešanām un citām dzīves problēmām.

Jēkaba vēstulē 1:13-15, mēs lasām: „*Neviens, kas tiek kārdināts, lai nesaka: Dievs mani kārdina,- ļaunām kārdināšanām Dievs nav pieejams, un pats Viņš nevienu nekārdina. Bet katru kārdina viņa paša kārība, to vilinādama un valdzinādama. Pēc tam kārība, kad tā ieņēmusies, dzemdē grēku, bet grēks izdarīts dzemdē nāvi.*"

Citiem vārdiem, kārdināšanas sasniedz ļaudis, kuri nelūdz; viņi jau vairs nav spējīgi atšķirt Dieva gribu no cilvēka gribas; savaldzināti ar pasaulīgām vēlmēm, viņiem nav spēka uzvarēt kārdināšanas un tie cieš no dzīves grūtībām. Dievs grib, lai visi Viņa bērni iemācītos būt apmierināti ar savu stāvokli, dzīvotu apmierinātu un pieticīgu dzīvi, iepazīstot prieka noslēpumu jebkurā situācijā un jebkādos apgrūtinošos dzīves apstākļos (Vēst. Filipiešiem 4:11-12).

Iekāre, pieņemoties dzemdē grēku, bet atmaksa par grēku – nāve. Dievs nevar aizsargāt cilvēku, kas turpina dzīvot grēkā. Jo vairāk cilvēks grēko, jo vairāk kārdināšanu un ciešanu sūta viņam velns. Daži cilvēki, iekrituši kārdināšanā, apvaino tajā Dievu, sakot, ka tas ir Dievs, kas sūta viņiem kārdināšanas un liek tiem ciest. Tāda attieksme ir kurnēšana pret Dievu; viņi aizver priekš sevis Dieva palīdzības iespēju un paši nevar uzvarēt kārdināšanas.

Un tā, Dievs liek mums atmest prātojumus un augstprātīgas iedomas, kas vērstas pret Dieva atziņu, un uzvarēt visus prātus, lai tie ir paklausīgi Kristum (2 vēst. Korintiešiem 10:5). Vēstulē Romiešiem 8:6-7, Dievs mums atgādina: „Miesas tieksmes ved nāvē, bet Gara tieksmes – uz dzīvību un mieru. Jo miesas tieksme ir naidā ar Dievu; tā neklausa Dieva bauslībai, jo tā to nespēj."

Liela daļa no tā, ko mēs uzzinājām un iemācījāmies, līdz tam kā satikāmies ar Dievu, izrādījās meli Dieva patiesības gaismā. Tikai sagraujot miesīgas teorijas un prātojumus, mēs varēsim pilnībā nodot sevi Dieva gribai. Bet priekš tā, lai sagrautu visus šos argumentus un šķēršļus, mums nepieciešams lūgties.

Reizēm Dievs ar mīlestību aizved Savus mīļotos bērnus nost no ceļa, kas ved uz bojāeju, pieļaujot viņu dzīvē kārdināšanas, lai viņi varētu nožēlot grēkus un laboties. Kad cilvēks sevi pārbauda un izsūdz, un nožēlo Dieva priekšā visu, kas Dieva acīs nav pieņemams, nenogurstoši lūdzas un lūkojas uz To, Kas visu izmaina par labu tiem, kas Viņu mīl, tad Dievs apbalvo viņus par ticību un nekavējoši atbild uz viņa lūgšanu.

3. Gars labprātīgs, bet miesa vāja.

Pirms tam, kā pieņemt krustu, Jēzus nogāja ar Saviem mācekļiem uz Ģetzemi un atradās tur nāves bailēs un lūgšanā. Ieraugot, ka Viņa mācekļi izmiguši, Viņš ar nožēlu sacīja: *„Gars labprātīgs, bet miesa vāja,"* (Mateja 26:41). Bībele stāsta mums par „miesu", „miesas darbiem" un par „miesīgām lietām." Vārds „miesa", tiek lietots ar nozīmi, kas pretēja „garam", norādot uz visu, kas mainās un aiziet. „Miesa" norāda uz visu radību, ieskaitot cilvēku, augiem un dzīvniekiem. Vārds „gars", no citas puses, norāda uz kaut ko mūžīgu, patiesu un nemainīgu.

No Ādama nepaklausības laika, katrs cilvēks piedzimst ar grēcīgu dabu, un tas ir viņa iedzimtais grēks. Un arī, ir grēki, kurus mēs izdarām paši, pamudināti no velna. Cilvēks kļūst „miesa", kad viņa ķermenis aptraipīts meliem un savienojas ar grēcīgo dabu. Lūk, kas teikts Vēstulē Romiešiem (9:8): *„Tas jāsaprot tā: nevis miesīgie bērni ir Dieva bērni, bet apsolījuma bērni tiek atzīti par Viņa dzimumu. Un tālāk Vēstulē Romiešiem 13:14, Dievs mūs brīdina: „... bet lai jūsu bruņas ir Kungs Jēzus Kristus un nelutiniet miesu, lai nekristu kārībās."*

„Miesīgas lietas" – tās ir dažādas grēcīgas īpašības, tādas kā meli, skaudība, greizsirdība un ienaids (Vēst. Romiešiem 8:5-8). Tās vēl nav atklājušas sevi darbos, bet mudina mūs uz tiem. Kad mēs padodamies kārdināšanām, tās kļūst par "miesas darbiem" (Vēst. Galatiešiem 5:19-21). Ko Jēzus domāja, kad nosauca miesu par vāju? Vai tad Viņš runāja par mācekļu fizisko stāvokli? Bijušie zvejnieki, Pēteris, Jēkabs un Jānis bija spēku plaukumā un bija ar lielisku veselību. Ļaudīm, kas pavadījuši daudz nakšu ķerot zivis, nebija tik sarežģīti pavadīt dažas stundas nomodā. Bet, pat pēc tam, kad Jēzus aicināja viņus būt nomodā un lūgties, viņi nespēja noturēties un aizmiga. Viņi, varbūt arī gāja uz Ģetzemani ar Jēzu, lai lūgtos, bet šī vēlme bija vienīgi viņu sirdī. Kad Jēzus nosauca viņu miesu par vāju, Viņš ar to domāja, ka mācekļi izrādījās nespējīgi pretoties miesas vēlmei, kas tos vilka uz miegu.

Viens no mīļotajiem Jēzus mācekļiem, Pēteris, nevarēja lūgties, tādēļ ka viņa miesa bija vāja. Šī iemesla dēļ viņš trīs reizes atteicās no Jēzus, kad sargi Viņu saņēma. Viss tas notika pirms Jēzus Augšāmcelšanās un Pacelšanās debesīs un tādēļ, esot bez Svētā Gara palīdzības, Pēteris atradās lielās bailēs. Bet pēc tam, kad Svētais Gars nolaidās uz viņu, viņš varēja uzcelt mirušos, darīt brīnumus un zīmes un bez bailēm iet, lai viņu piesit krustā ar galvu uz leju. Mēs neatradīsim ne pēdu no viņa iepriekšējā vājuma bezbailīgajā un pārdrošajā Dieva spēka apustulī. Tas viss notika tādēļ, ka Jēzus izlēja Savas dārgās bezgrēcīgās un nevainīgās asinis, lai izpirktu mūs no mūsu vainām, trūkuma un vājuma. Ja mēs dzīvojam ticībā, paklausībā Dieva vārdam, Dievs dāvā mums fizisko un garīgo veselību, un viss, kas neiespējams cilvēkam, kļūst priekš mums iespējams.

Daži cilvēki, izdarījuši grēku, nesteidz to nožēlot, bet sevi attaisnojot runā: „Mana miesa ir vāja." Tādi ļaudis nezin, kur ir patiesība. Iedomāsimies, ka tēvs dod dēlam tūkstoš dolārus. Būtu neticami, ja dēls, ieliekot naudu kabatā, pēkšņi pateiktu, ka viņam nav ne kapeikas. Cik apbēdināts būtu tēvs uzzinot, ka viņa dēls mirst badā, neko nepērkot, bet vēl aizvien turot kabatā 1000 dolārus. Tikpat muļķīgi rīkojas arī tie no mums, kas saņēmuši dāvanā Svēto Garu, vēl arvien atsaucas uz savas miesas vājumu.

Es zinu ļaudis, kuri katru dienu gāja gulēt pulksten 10 vakarā, bet tagad ir nomodā visu nakti piektdienas vakara lūgšanu sapulcē, lūdzoties un saņemot Svētā Gara palīdzību. Viņi nejūt miegainību un velta katru piektdienu Dievam Svētā Gara piepildīti. Atrodoties Svētā Gara pilnībā, mēs darām asāku savu garīgo redzi, piepildam sirdi ar prieku un sajūtam neparastu vieglumu visā ķermenī.

Mēs dzīvojam Svētā Gara ērā, un tādēļ mēs nevaram attaisnot savus grēkus norādot uz miesas vājumu. Pastāvīgi esot nomodā un atrodoties lūgšanā, mēs saņemsim Svētā Gara palīdzību, lai cīnītos ar miesīgām lietām un visām miesīgām izpausmēm, nenogurstoši veidotu savu dzīvi Kristū pēc Dieva prāta.

4. Svētības tiem, kas ir nomodā un lūdzas.

1. Pētera vēstulē, 5:8-9, mēs lasām: „*Esiet*

skaidrā prātā, esiet modrīgi! Jūsu pretinieks, velns staigā apkārt kā lauva rūkdams un meklē, ko tas varētu aprīt. Tam turieties pretī stipri ticībā, zinādami, ka tās pašas ciešanas ir uzliktas jūsu brāļiem pasaulē." Mūsu ienaidnieks, velns un sātans, valdnieks, kas valda gaisā, izmanto katru iespēju, lai kārdinātu Dievam ticīgos, lai novērstu viņus no ceļa un neļautu Dieva tautai iegūt ticības pilnību. Cilvēks, kas nodomājis izraut koku, sāks ar to, ka spēcīgi papurinās to. Bet, ja koka stumbrs stiprs, un saknes iet dziļi zemē, viņš pameklēs citu koku. Pamanījis, ka cits koks nav tik stiprs, viņš sāks purināt to ar vēl lielāku nežēlību. Tāpat arī sātans – viņš liek cilvēku mierā, kā tikai redz, ka nav spējīgs viņu izšaubīt. Bet, ja mēs šaubāmies, kaut vai nedaudz, tad mūsu ienaidnieks velns, turpinās mūs kārdināt, lai izrautu mūs ar saknēm.

Mums nepieciešama palīdzība no Augšienes, lai saprastu un izjauktu ienaidnieka velna plānus un dzīvotu gaismā pēc Dieva Vārda; bet priekš tā mums jāatrodas lūgšanā un cīņā. Jēzus, Viendzimušais Dieva Dēls, varēja izpildīt Sava Sūtītāja gribu ar Savu lūgšanu spēku. Pirms savas kalpošanas sākuma, Jēzus Sevi sagatavoja 40 dienas pavadot gavējot un lūdzoties; bet Viņš nepārtrauca pastāvīgi lūgties arī trīs gadu kalpošanas laikā, parādot Dieva spēka brīnumus un zīmes. Savas dzīves beigās uz zemes, lūgšanas cīņas spēks Ģetzemes dārzā deva Viņam iespēju uzvarēt nāves varu ar Savu augšāmcelšanos. Tieši tādēļ Kungs mūs aicina: „*Esiet pastāvīgi lūgšanās, esiet ar tām nomodā ar pateicību,"* (Vēst. Kolosiešiem 4:2). Un citā vietā: *"Bet visu lietu gals ir tuvu klāt pienācis. Tad nu topiet saprātīgi un modri Dievu lūgt,"* (1. Pētera vēst. 4:7). Jēzus mācīja mūs lūgties tā: *"Un neieved mūs kārdināšanā, bet atpestī no visa ļauna..."* (Mateja 6:13). Ļoti svarīgi izvairīties no kārdināšanām. Ja mēs iekrītam kārdināšanā, tas nozīmē, mēs to neesam uzvarējuši, tas ir, mūsu ticība atslābusi un mazinājusies, un atrodoties tādā garīgā stāvoklī, Dievam patikt nav iespējams.

Ja mēs esam nomodā un atrodamies lūgšanā, Svētais Gars māca mūs iet pa pareizo ceļu, cīnīties ar grēkiem un no tiem atbrīvoties. Un vēl, jo vairāk gūst panākumus mūsu dvēsele, jo vairāk mūsu sirds līdzinās Kunga sirdij, un mēs esam veseli un gūstam sekmes visos savos darbos.

Lūgšana – tā ir atslēga uz panākumiem un uz veselības svētību – miesīgu un garīgu. 1. Jāņa vēst. 5:18 ir apsolījums: *"Mēs zinām, ka ikviens, kas no Dieva dzimis, negrēko, bet tas, kas no Dieva dzimis, pasargā sevi, un ļaunais neaizskar viņu."* Kad mēs lūdzamies, esam nomodā un staigājam gaismā, ienaidnieks velns netuvosies mums. Un pat, ja mēs iekritīsim kārdināšanā, Dievs parādīs mums ceļu uz atbrīvošanos un izdarīs visu, kas nāk Viņu mīlošiem par labu.

Dievs grib, lai mēs pastāvīgi lūgtos. Mums jākļūst par Viņa svētītiem bērniem, esot nomodā, atvairot visus velna uzbrukumus un ar ticību pieņemot visu, ko Dievs sagatavojis, lai mūs svētītu.

1. vēstulē Tesalonikiešiem 5:23, mēs lasām:

„*Pats miera Dievs, lai jūs svētī pilnībā, un viss jūsu gars, dvēsele un miesa nevainojami tiek saglabāta mūsu Kunga Jēzus Kristus atnākšanai!*"

Lai katrs no jums saņem Svētā Gara palīdzību, pastāvīgi esot nomodā lūgšanā; un, kā Dieva bērns izveido sevī sirdi tīru un nevainojamu, noraidot savu grēcīgo dabu un apgraizot savu sirdi Svētā Gara spēkā; un bauda varu, kas dota Dieva bērniem, kam pateicoties gūst sekmes arī dvēsele; lai jūs pavada panākumi visā un svētīta veselība; un lai pienes katrs no jums par visu slavu Dievam; to lūdzos mūsu Kunga Jēzus Kristus vārdā!

5. nodaļa

—— ⧜⧝ ——

Taisnā lūgšana

„… Taisna lūdzēja lūgšanas spēj
panākt daudz. Elija bija cilvēks,
līdzīgs mums un dedzīgā lūgšanā lūdza,
lai nelītu lietus, un lietus nelija uz
zemes trīs gadus un sešus mēnešus,
un tad viņš atkal lūdza,
un debesis deva lietu un
zeme izaudzēja savus augļus,"

(Jēkaba vēst. 5:16-18)

1. Ticības lūgšana, kas dziedina slimos.

Atskatoties atpakaļ, mēs atceramies, kā mēs lūdzāmies ciešanu laikā un kā priecājāmies un pateicāmies Dievam, saņemot atbildi uz mūsu lūgšanām. Bija laiks, kad mēs lūdzāmies ar citiem cilvēkiem par mūsu mīļo dziedināšanu un slavējām Dievu par to, ka lūgšanas rezultātā notika neiespējamais. Vēstulē Ebrejiem 11. nodaļa veltīta ticības aprakstam no dažādām pozīcijām. No sākuma ir noteikšana: *„Ticība ir cerības pamatā, tā pārliecina par neredzamām lietām."* Un tālāk (11:6): *„Bez ticības nav iespējams Dievam patikt. Tam, kas tuvojas Dievam, ir jātic, ka Dievs ir un, ka viņš atalgo tos, kas viņu meklē."*

Jāmāk atšķirt „miesīgu" ticību un „garīgu" ticību. Esot ar miesīgu ticību, mēs esam spējīgi pieņemt Dieva vārdu, tikai ja tas sakrīt ar mūsu pašu domām. Tāda ticība nevar izmainīt mūsu dzīvi. Bet, ja esam ar garīgu ticību, mēs pieņemam Dieva spēku un Dieva Vārdu – tādu, kāds tas ir, pat ja tas ir pretrunā ar mūsu domām un teorijām. Iegūstot ticību Dievam, kas radījis visu pasauli no nekā, mēs arvien vairāk sajutīsim ievērojamas pārmaiņas mūsu dzīvē, kļūsim par brīnumu un zīmju lieciniekiem un jau nekad nešaubīsimies par to, ka tam, kas Viņam tic ir viss icspējams.

Tādēļ Jēzus mums saka: *„Bet tiem, kas tic, ies līdzi šādas* zīmes: *Manā vārdā tie izdzīs dēmonus, runās jaunās mēlēs; tie ņems rokās čūskas, un, pat ja tie dzers indi, tā tiem nekaitēs. Nevesaliem tie rokas uzliks, un viņi atlabs,"* (Marka 16:17-28); un *„kas tic tam viss ir iespējams,"* (no Marka 9:23); un vēl *„Tādēļ Es jums saku: visu, ko jūs lūdzat vai prasāt, ticiet, ka jūs to saņemsiet, un tas jums arī būs."* (Marka 11:24).

Kā gan mums iegūt garīgo ticību, lai kļūtu par lielā Dieva spēka lieciniekiem? Vispirms mums jāatceras apustuļa Pāvila vārdi 2. grāmatā Korintiešiem (10:4-5) *„Jo mūsu cīņas ieroči nav miesiski, bet Dieva doti – vareni, kas spēj sagraut cietokšņus. Mēs apgāžam prāta sagudrojumus un jebkuru augstprātību, kas saceļas pret Dieva atzīšanu, mēs sagūstam jebkuru domu, lai tā būtu paklausīga Kristum."* Mums nav jāuzskata par patiesām tās zināšanas, kuras mēs esam ieguvuši līdz šim momentam. Mums jāatsakās no jebkurām zināšanām un visādām teorijām, kuras nesaskan ar Dieva vārdu, pilnībā veltot sevi kalpošanai patiesībai un dzīvojot pēc Dieva Vārda. Jo ātrāk mēs novērsīsimies no miesīgām iedomām un nepatiesībām, jo ātrāk pienāks dvēseles panākumi un mēs iegūstam garīgu ticību.

Garīgā ticība – tas ir tas ticības mērs, kuru Dievs dāvājis katram no mums (Vēst. Romiešiem 12:3). Tajā momentā, kad pirmoreiz sadzirdot Evaņģēliju, mēs pieņemam Jēzu Kristu, mūsu ticība maza, kā sinepju graudiņš. Bet, apmeklējot dievkalpojumus, klausoties Dieva Vārdu un to pildot, mēs pieaugam patiesībā. Aug mūsu ticība, un mūsu dzīvē sāk notikt tie paši brīnumi, kuri notikuši citu ticīgo dzīvēs.

Ja mēs lūdzamies par slimā dziedināšanu, tad mūsu ticībai jābūt garīgai ticībai. Mateja Evaņģēlijā 8. nodaļā, mēs lasām par virsnieku, kura kalps bija paralizēts. Bet virsnieks ticēja, ka kalps izveseļosies, kā tikai Jēzus pateiks vārdu, un patiešām kalps palika vesels tajā pat stundā (Mateja 8:5-13).

Mums jālūdzas par slimajiem tikai ar pārdrošu ticību, nešauboties par to, ko Dievs apsolījis: „*Lai viņš lūdz ticībā, bez šaubīšanās, jo tas, kas šaubās, līdzinās vilnim jūrā, ko vējš svaida un dzenā. Šāds cilvēks ar sašķeltu dvēseli, kas nepastāvīgs visos savos ceļos, lai nedomā kaut ko saņemt no Kunga,*" (Jēkaba vēst. 1:6-7).

Tikai stipra, pastāvīga ticība var patikt Kungam. Ja mēs nostājamies Viņa priekšā, mīlestībā apvienoti un ar ticību lūdzamies par dziedināšanu, Dievs dara lielus darbus. Slimība ir grēka rezultāts, bet mūsu Dievs ir Kungs Dziedinātājs (2. Mozus 15:26). Dievs piedod un dziedina mūs, kad mēs izsūdzam cits citam savus grēkus un lūdzamies.

Lūdzoties ar garīgu ticību un garīgu mīlestību, mēs ieraudzīsim lielus Dieva darbus un dosim Viņam visu slavu un godu, piedzīvojot Kunga mīlestību.

2. Taisnā lūgšana īpaši spēcīga un iedarbīga.

Saskaņā ar Vebstera vārdnīcu „taisnais"- tas ir cilvēks, kas rīkojas saskaņā ar Dieva baušļiem vai morāles likumiem un ir bez vainas un grēka. Bet Vēstulē Romiešiem 3:10, mēs lasām „*Nav neviena taisna, neviena paša."* Dievs mums saka: „... *ne jau tie, kas bauslību klausās ir taisni Dieva priekšā, bet bauslības turētāji tiks attaisnoti. Jo caur bauslību nāk atziņa par grēku,"* (Vēst. Romiešiem 2:13).

Grēks ienāca pasaulē caur pirmā cilvēka, Ādama, nepaklausību, un neskaitāms daudzums cilvēku nokļuva zem apsūdzības viena cilvēka grēka dēļ (Vēst. Romiešiem 5:12,18). Bet cilvēcei, kas bija zaudējusi Dieva slavu, neatkarīgi no Bauslības, tika atklāta Dieva patiesība, un Dieva patiesība tiek dota visiem ticīgajiem caur ticību Jēzum Kristum (Vēst. Romiešiem 3:21-23).

Priekšstati par patiesību mainās atkarībā no tās vai citas paaudzes vērtībām, tad kas gan var kalpot par patiesas taisnības kritēriju? Dievs paliek nemainīgs, un Viņa taisnība ir īstais patiesības paraugs.

Vēstulē Romiešiem 3:28, teikts: „*Jo nu esam pārliecināti, ka cilvēks tiek attaisnots ticībā, neatkarīgi no bauslības darbiem."* Tomēr mūsu ticība neiznīcina bauslību, bet to apstiprina (Vēst. Romiešiem 3:31).

Saņemot attaisnošanu ar ticību, mums jāpienes svētuma

auglis, atbrīvojoties no grēkiem un kļūstot par Dieva kalpiem. Mūsu mērķis ir tajā, lai sasniegtu visu taisnības pilnību, novēršoties no katras nepatiesības un saskaņojot savu dzīvi ar patieso Dieva Vārdu.

Dievs pieskaitīs mūsu ticību taisnībai un atbildēs uz mūsu lūgšanām, ja ticību pavadīs darbi un, ja dienu pēc dienas mēs dzīvosim pēc Viņa Vārda. Vai gan Dievs varēs atbildēt cilvēkam, kurš apmeklē baznīcu, bet uzcēlis grēka sienu starp sevi un Dievu ar savu nepaklausību vecākiem, naidojoties ar brāļiem un sliktu uzvedību.

Taisnā lūgšanām – cilvēka, kas dzīvo paklausībā Dieva Vārdam un, kurā ir Dieva mīlestības ķīla, - Dievs dod spēku būt darbīgām un veiksmīgām.

Lūkas Evaņģēlijā 18:1-8, mēs atrodam līdzību par uzstājīgo atraitni. Atraitnes lieta tika netaisna tiesneša izskatīta, kurš Dieva nebijās un no ļaudīm nekaunējās. Bet tomēr, pateicoties viņas uzstājībai, tienesis nolēma viņas lietu apmierināt, sakot: *"Es Dieva nebaidos un cilvēkus necienu, taču šī atraitne mani nomoka, tādēļ iztiesāšu viņai par labu, ka beigās viņa nenāk un nesit mani vaigā."*

Izstāstījis šo līdzību, Jēzus piebilda: *"Ieklausieties, ko netaisnais tiesnesis saka! Vai tad Dievs, lai neiztiesātu par labu saviem izredzētajiem, kas Viņu piesauc dienu un nakti? Vai Viņš vilcināsies? Es jums saku: Viņš viņu lietu iztiesās ātri,"* (Lūkas 18:6-8).

Mēs redzam sev apkārt ļaudis, kuri uzskata sevi par Dieva bērniem, pastāvīgi sauc uz Dievu lūgšanā un bieži gavē, bet tā arī nesaņem no Dieva atbildi. Viņiem jāsaprot, ka vēl nav ieguvuši taisnību Dieva acīs.

Vēstulē Filipiešiem 4:6-7, teikts: „*Neesiet noraizējušies ne par ko, bet jūsu vajadzības, lai top zināmas Dievam jūsu lūgšanā, pielūdziet Dievu ar pateicību. Un Dieva miers, kas pārspēj jebkuru sapratni, lai pasargā jūsu sirdis un jūsu domas Kristū Jēzū.*" Dievs atbild ļaudīm atkarībā no taisnības līmeņa, kuru viņi Viņa acīs ieguvuši, lūdzoties ar ticību un mīlestību. Dievs vienmēr ātri atbild uz to lūgšanām, kas kļuvuši patiesi taisni cilvēki, priekš tā lai viņi varētu dot visu slavu Dievam. Un tā, mums īpaši svarīgi sagraut grēka sienu, kas mūs atdala no Dieva, lai iegūtu tiesības saukties par taisniem Viņa acīs un nenogurstoši lūgties ar ticību un mīlestību.

4. Dāvanas un spēks.

„Dāvanas" – tās ir īpašas Dieva dotas spējas, kas mums dāvātas kā Dieva mīlestības ķīla. Jo vairāk cilvēks lūdzas, jo stiprāk viņš sāks vēlēties un prasīt Dievu par īpašām dāvanām. Bet vairums cilvēku lūdzas par dāvanām priekš savu vēlmju apmierināšanas, kas tālas no patiesības. Tādas dāvanas tikai kaitēs cilvēkam un mums jāsargā sevi no šīs bīstamības.

Apustuļu darbu 8. nodaļā mēs lasām par kādu Sīmani, burvi, kurš dzirdējis Filipa sludināšanu, viņam visur sekoja un brīnījās redzot zīmes un brīnumus (9-13 panti). Bet redzot, ka Svētais Gars tiek dots caur Pētera un Jāņa roku uzlikšanu, viņš atnesa apustuļiem naudu un prasīja tiem: *„Dodiet arī man šo spēju, lai ikviens, kam es uzlieku rokas, saņemtu Svēto Garu,"* (Apustuļu d. 8:19).

Atbildot Pēteris nosodīja Sīmani: *„Lai tava nauda iet pazušanā līdz ar tevi, jo tu iedomājies Dieva dāvanu iegūt par naudu. Nav tev nekādas daļas pie šī vārda, jo tava sirds nav taisna Dieva priekšā. Atgriezies no sava ļaunuma un lūdz Kungu, varbūt tev tiks piedota tavas sirds iedoma. Jo es redzu tevi, žults rūgtuma pilnu un nelietības saistītu,"* (20-23p.).

Dāvanas nāk uz to, kas liecina par Dzīvo Dievu, lai izglābtu cilvēci, un tās jālieto Svētā Gara vadībā. Mums jācenšas kļūt taisniem Viņa acīs, pirms prasām par dāvanām.

Kad esam sasnieguši dvēseles uzplaukumu un padarījuši sevi par Dieva instrumentiem, Dievs ļauj mums, Svētā Gara iedvesmā, prasīt par dāvanām, un Viņš dos mums dāvanas, par kurām mēs prasām.

Mēs zinām, ka Dievs lieto ticības vīrus dažādi, atkarīgi no Saviem mērķiem. Kādam bija dot vara parādīt Dieva spēku, bet kādam pravietot, bet kādam bija dāvana mācīt. Dievs piešķir lielākas dāvanas un dod Savu spēku tiem, kas guvuši panākumus ticībā un mīlestībā.

Tad, kad Mozus dzīvoja Ēģiptē, viņš izcēlās ar strauju raksturu un nedomājot, nogalināja ēģiptieti, kas sita vienu no Izraēliešiem (1. Mozus 2:12). Bet izejot caur daudziem pārbaudījumiem, Mozus kļuva par lēnprātīgāko cilvēku uz zemes un saņēma no Dieva lielu varu. Ar daudz brīnumu un zīmju palīdzību viņš varēja izvest Izraēliešus no Ēģiptes verdzības (4. Mozus 12:3).

Jēkaba Vēstulē 5:17-18, mēs lasām par pravieša Elijas lūgšanu: *"Elija bija cilvēks, līdzīgs mums un dedzīgā lūgšanā lūdza, lai nelītu lietus, un lietus nebija uz zemes trīs gadus un sešus mēnešus, un tad viņš atkal lūdza un debesis deva lietu un zeme izaudzēja savus augļus."*

Daudzi piemēri Bībelē stāsta par to, ka taisna cilvēka lūgšana ir ar īpašu spēku un efektivitāti. Taisnais atšķiras ar īpašu spēku un varu. Reizēm ļaudis pavada neskaitāmas stundas lūgšanā, bet tā arī nesaņem atbildi no Dieva. Bet taisnā lūgšana nekad nepaliks bez atbildes, un Dievs atklāj Savu spēku caur tādu lūgšanu. Dievam tīkama lūgšana, kas upurē ticību un mīlestību, un Viņš vienmēr gatavs apdāvināt mūs ar Savām brīnumainām dāvanām, lai mēs vēl vairāk pagodinātu Viņa Vārdu.

Bet mēs nebijām taisni no iesākuma; mēs kļuvām taisni pēc ticības, pēc tam kad pieņēmām Jēzu Kristu. Klausoties Dieva Vārdu un apzinoties sevi par grēcīgiem, mēs ietērpjamies taisnībā, atmetam nepatiesību un priecājamies par dvēseles labklājību. Katru dienu staigājot gaismā un patiesībā, mēs arvien vairāk nostiprināmies taisnībā atdodot sevi Dievam katru dienu, lai sekojot apustulim Pāvilam atzītu: „Es mirstu katru dienu..." (1. Korintiešiem 15:31).

Es aicinu katru no jums pārskatīt savu dzīvi un cik iespējams ātrāk sagraut grēka sienu, kas jūs nošķir no Dieva.

Lai katrs no jums seko Dievam ar ticību, upurē ar mīlestību un lūdzas, kā taisnais, lai jūs būtu atzīti par taisniem, saņemtu Dieva svētības visā un dotu Dievam visu slavu. Es lūdzos par to mūsu Kunga Vārdā!

6. nodaļa

Lielais lūgšanu spēks vienprātībā

„Un vēl Es jums saku: ja divi no jums virs zemes vienprātīgi kaut ko lūgs, tad Mans Debesu Tēvs viņiem to piešķirs. Jo, kur divi vai trīs ir sapulcējušies Manā Vārdā, tur arī Es esmu viņu vidū,"

(Mateja 18:19-20).

1. Dievs ar prieku pieņem lūgšanu vienprātībā.

Korejiešu paruna saka: „Divatā pat papīra lapu pacelt ir ērtāk." Šis senais izteiciens mums māca, ka pie jebkura kopīga darba, rezultāts vienmēr būs labāks, nekā ja mēs darbotos vienatnē. Kristietība vienmēr uzsver mīlestības pret tuvāko un pret draudzi svarīgumu, un tādēļ tas var kalpot mums arī šeit par labu piemēru.

Salamana pamācībās 4:9-12, teikts: „*Labāk diviem nekā vienam, tāpēc ka tiem tiek laba alga par viņu pūlēm. Ja pakritīs viens, otrs to pacels, bet vai! tam, kurš pakrīt viens pats un nav otra, kas viņu piecel. Un, ja divi guļ kopā, tad tiem ir silti, bet viens – kā lai sasildās? Un ja pievarēs vienu, divi turēsies pretī, un trīskārša saite nesatrūks ātri.*" Šie panti mums māca, ka kopīgas pūles pienes mums spēku un prieku.

Mateja Evaņģēlijā 18:19-20, mēs lasām par ticīgo lūgšanas svarīgumu vienprātībā. Kad mēs lūdzamies vienatnē, mēs lūdzamies par savām personīgām vajadzībām, pārdomājot klusībā par Dieva Vārdu. Bet kopīga lūgšana paredz vairākiem cilvēkiem vienprātībā saukt lūgšanā uz Dievu.

Un Jēzus mums saka: „*... ja divi no jums virs zemes vienprātīgi kaut ko lūgs*" un „*... ja kur divi vai trīs ir sapulcējušies Manā Vārdā.*" Lūgšana vienprātībā – tā ir daudzu lūgšana, kas saplūst kopā. Dievs priecājas, kad mēs lūdzamies kopā, un mums ir stingrs apsolījums, ka Viņš piepildīs visu mūsu lūgumus, kad divi vai trīs sapulcējušies Kunga vārdā.

Kā tieši mēs varam dot slavu Dievam, lūdzoties vienprātībā mājās, draudzē vai lūgšanu grupas sapulcēšanās laikā? Izskatīsim veidus un lūgšanas nozīmi vienprātībā, lai mēs saņemtu no Dieva visu, lai ko mēs prasītu, lūdzaties vispirms par Viņa Valstību, taisnību un draudzi un dodat Viņam visu slavu un godu.

2. Lūgšanas vienprātībā nozīme.

Jēzus vēršas pie mums Mateja Evaņģēlijā: *„Un vēl Es jums saku: ja divi no jums virs zemes vienprātīgi kaut ko lūgs, tad Mans Debesu Tēvs viņiem to piešķirs,"* (Mateja 18:19). Šajā pantā ir viena īpatnība. Jēzus šeit runā ne par vienu vai trīs cilvēku lūgšanu, bet „ja divi no jums virs zemes vienprātīgi kaut ko lūgs." Kādēļ Jēzus piemin tieši divus lūdzējus.

Tādā veidā Dievs citiem vārdiem pretstata vienu lūdzēju un visus pārējos ļaudis. Teiciens „divi no jums" var norādīt uz jebkādu lūdzēju skaitu.

Bet kāda ir garīgā nozīme „diviem"? Svētais Gars mājo katrā cilvēkā un rūpējas par mums, kā par to rakstīts Vēstulē Romiešiem (8:26): *„Tā arī Gars nāk palīgā mūsu nespēkam, jo mēs nezinām, kas un kā mums jālūdz, bet Gars pats mūs aizstāv ar bezvārdu nopūtām."* Svētais Gars izveido no mūsu sirds svētnīcu sev un aizlūdz par mums Dieva priekšā.

Pieņemot Jēzu Kristu kā savu Glābēju, mēs saņemam Dieva bērnu varu. Svētais Gars atdzīvina mūsu garu, kas bija nomiris no pirmās grēkā krišanas laika. Un tā, katram no Dieva bērniem ir sirds un Svētais Gars ar Savu Personīgo raksturu mājo tajā.

Teiciens „divi virs zemes" tāpat attiecas uz mūsu sirds lūgšanu kopā ar gara lūgšanu, pēc Svētā Gara aizlūguma. (1 vēst. Korintiešiem 14:15; vēst. Romiešiem 8:26). Ar vārdiem „divi no jums virs zemes vienprātīgi kaut ko lūgs" tiek domāta lūgšana vienprātībā. Un kad Svētais Gars pievienosies pie divu vai vairāk ticīgajiem, tad, atrodoties vienā prātā, mēs, kā „divi virs zemes", varam prasīt Dievu par jebkādu lietu.

Un tā, neaizmirsīsim par lūgšanu nozīmi vienprātībā, lai mēs ieraudzītu savā dzīvē piepildāmies Dieva apsolījumus: *„ ... ja divi no jums virs zemes vienprātīgi kaut ko lūgs, tad Mans Debesu Tēvs viņiem to piešķirs."*

3. Kā mums lūgties vienprātībā.

Dievs ar prieku pieņem lūgšanu vienprātībā, nevilcinās ar atbildi un parāda lielus Savus darbus tiem ticīgajiem, kuri sauc uz Viņu ar vienotām sirdīm.

Mēs sagādājam Dievam lielu prieku, un Viņa Vārds tiek

pagodināts, kad mēs saskaņā ar sevi un ar Svēto Garu lūdzamies apvienotām sirdīm. Tāda lūgšana spējīga izsaukt no debesīm Gara uguni un neapstrīdami liecināt par Dzīvo Dievu. Tomēr nav tik vienkārši ķerties pie lūgšanas ar vienotām sirdīm, un jebkurai mūsu vienotībai būs noteiktas sekas. Iedomāsimies divu kungu kalpu. Vai tāds kalps nesarausies starp kungiem, lai iztaptu abu vēlmēm? Un tas mēdz būt arī neiespējami, ja viņa kungiem būs dažādas gaumes un paradumi. Atkal iedomāsimies sev, tāpat divus cilvēkus, kas mēģina saplānot kādu pasākumu. Ja viņi nespēs nonākt pie vienprātības un kopīgi izstrādāt plānu, varam būt pārliecināti, ka pasākums neizdosies. Un, ja katrs centīsies priekš sevis, esot ar savu personīgo mērķi, tad bēdīgais tāda darba rezultāts būs acīmredzams. Tādēļ, lai saņemtu atbildes uz visiem lūgumiem, svarīgi nākt pie Dieva ar vienotu sirdi, neatkarīgi no tā, vai lūdzas viens cilvēks vai to ir divi vai vairāk.

Un tā, vai gan iespējams sasniegt siržu vienotību lūgšanā? Ļaudīm, kas piekrīt lūgties kopā, jālūdzas pēc Svētā Gara iedvesmas, jākļūst vienotiem ar Svēto Garu un jālūdzas Garā (Vēst. Efeziešiem 6:18). Svētais Gars nes Sevī Dieva prātu, izmeklē visu, pat Dieva dziļumus (1. Vēst. Korintiešiem 2:10) un aizlūdz par mums pēc Dieva gribas (Vēst. Romiešiem 8:27). Kad mēs sekojam Svētajam Garam, Kurš virza mūsu prātu lūgšanas laikā, Dievs priecājas pieņemt mūsu lūgšanas un pat atbild uz mūsu sirds vēlmēm.

Pirms mēs spēsim lūgties Svētā Gara pilnībā, mums jātic Dieva vārda patiesumam, jāpaklausa patiesībā, vienmēr jāpriecājas, pastāvīgi jālūdzas un jāpateicas visos apstākļos. Mums jāsauc uz Dievu no visas sirds. Nostiprinot ticību ar darbiem un cīnoties lūgšanā, mēs iepriecinām Dievu, un Viņš dod mums prieku caur Svēto Garu. Tas arī nozīmē piepildīties ar Svētā Gara iedvesmu.

Kādi iesācēji vai tie, ticīgie, kam nav pastāvīgas lūgšanu prakses, skatās uz kopējo lūgšanu, kā uz grūtu un nogurdinošu nodarbošanos. Mēģinot novadīt vienu stundu lūgšanā, viņi pārskata visas iespējamās tēmas, bet tā arī nespēj lūgties veselu stundu. Viņi ātri nogurst, ar nepacietību gaida, kad beidzot beigsies noliktā stunda un sāk nesakarīgi murmināt. Dievs nevar atbildēt uz tādu „dvēseles lūgšanu."

Daudzi ticīgie paliek uz dvēseles lūgšanas līmeņa, pat ja viņi apmeklē draudzi daudzus gadus. Lūgšana bez gara – tas ir galvenais iemesls, kura dēļ ļaudis nesaņem atbildes no Dieva un iekrīt grūtsirdībā. Bet tas nenozīmē, ka Dievs novērsies no tādiem ļaudīm. Dievs dzird visus mūsu lūgumus, bet Viņš nevar atbildēt uz tādu lūgšanu.

Vai tas nozīmē, ka bez Svētā Gara iedvesmas, mēs vienkārši tērējam laiku nederīgā lūgšanā? Tas tomēr nav tā. Turpinot saukt uz Dievu, mēs varam rēķināties ar to, ka Dievs atvērs mums lūgšanu vārtus un dāvinās mums Savu spēku, lai mēs varētu lūgties garā. Dievs neatvērs lūgšanu vārtus, ja mēs Viņu nelūgsimies. Dievs klausās pat dvēseles lūgšanas; un kā tikai būs atvērti lūgšanas vārti, jums apvienojoties ar Svēto Garu, jāpāriet uz lūgšanu pēc Svētā Gara iedvesmas, un tad jūs saņemsiet to, par ko esat lūguši pagātnē.

Iedomājieties dēlu, kurš apbēdina savu tēvu. Tāds dēls nez vai saņems no viņa to, ko viņš prasa. Bet, ja dēls mainīsies un ar saviem darbiem sāks iepriecināt tēvu, tad dēla uzvedība būs viņam pa prātam. Kā tēvs pret to attieksies? Viņu attiecības jau vairs nebūs tādas, kādas bija agrāk. Tēvs patiešām sagribēs dot dēlam visu pašu labāko un būs gatavs uzdāvināt dēlam visu, lai ko viņš nelūgtu, pat to, ko viņš prasīja agrāk.

Līdzīgā veidā, mēs sakrājam lūgšanas pat ja vēršamies pie Dieva ar savām domām. Kā tikai lūgšanu vārti atvērsies, mēs saņemsim spēku un sāksim lūgties tā, ka mūsu lūgšana būs tīkama Dievam. Tad mēs saņemsim arī to, par ko lūdzām Viņam agrāk, un ieraudzīsim, ka nav izlaista neviena pat mazākā mūsu lūgšana.

Lūdzoties Dievu garā, Svētā Gara pilnībā, mums nebūs ne noguruma, ne miegainības, ne pasaulīgu domu, bet mēs lūgsimies ar ticību un prieku. Tā var lūgties arī vairāki cilvēki kopā, ja lūdzas garā un mīlestībā, vienoti prātā un gribā.

Izlasīsim vēlreiz pantus, kurus citējām nodaļas sākumā: „ ... *kur divi vai trīs pulcējušies Manā vārdā, tur Es esmu viņu vidū,"* (Mateja 18:20). Kad Dieva tauta, saņēmusi Svēto Garu, sapulcējas lūgšanai Jēzus Kristus vārdā, viņu lūgšana pēc būtības, tā ir lūgšana vienprātībā, un Kungs noteikti būs klātesošs viņu vidū. Citiem vārdiem, kad ļaudis, Svētā Gara piepildīti, piekrīt lūgties kopā, Kungs apvieno viņus ar Svēto Garu, lai vadītu viņus visus vienotā brāzmā, un, lai viņu lūgšana būtu Dievam tīkama.

Bet, ja ticīgo grupa nevar nonākt pie vienotības un sirdīm apvienoties, tad tā nevarēs nonākt pie saskaņas lūgšanā, un katra no viņiem lūgšana, pat pie tā, ka šai lūgšanai būs vienots mērķis, tā nebūs no visas sirds, jo šajā grupā katra sirds nav saskaņā ar citām. Ja klātesošās sirdis nevar apvienoties, grupas vadītājam jāsāk ar slavēšanu un grēku nožēlu, lai ļaužu sirdis apvienotos Svētajā Garā.

Kungs vienmēr ir ar tiem, kas sauc uz Viņu Svētā Gara vadībā ar vienotu sirdi. Dievs redz katra cilvēka sirdi un virza to uz kopēju mērķi. Bet Dievs nevar būt klātesošs tur, kur nav īstas vienotības starp ticīgajiem.

Savienojušies Svētā Garā un saucot uz Dievu vienprātībā, visi lūgšanas kalpošanas dalībnieki sāks lūgties no visas sirds, piepildīsies ar Svētā Gara spēku, tā ka viņu ķermeņi būs sviedros un viņi piepildīsies ar pārliecību par to, ka viņi saņems atbildes no Dieva uz visu, par ko prasījuši prieka uzplūdā, un mūsu Kungs būs starp viņiem; un šī lūgšana būs Viņam tīkama.

Es ceru, ka, kad lūgšanu grupa sapulcēsies mājās vai baznīcā, tad lūdzoties vienprātībā un Svētā Gara pilnībā, katrs no jums saņems no Dieva visu, par ko prasa lūgšanā un dos Viņam slavu.

Lūgšanas vienprātībā varenais spēks.

Viena no lūgšanas vienprātībā priekšrocībām ir tajā, ka Dievs ātrāk atbild uz kopīgu lūgšanu, un Dieva darbi atklājas ar lielu spēku, tādēļ ka, piemēram, starp pusstundas viena cilvēka lūgšanu un tādu pat kopīgu desmit ticīgo lūgšanu ir liela starpība. Kad ļaudis lūdzas vienprātībā cits ar citu un Dievs ar prieku pieņem viņu lūgšanu, viņi saņem neapstrīdamu Dieva varenības un lūgšanas vienprātībā varenā spēka liecību.

Apustuļu darbos 1:12-15, mēs lasām par to, kā liela ļaužu grupa, kopā ar Kunga mācekļiem, pastāvīgi pulcējās kopā lūgšanā pēc Viņa Augšāmcelšanās un Pacelšanās Debesīs. Viņu bija ap simts divdesmit cilvēku. Viņi kopā lūdzās līdz Vasarsvētkiem vienprātībā, ar ticību gaidot Jēzus apsolījuma piepildīšanos par Svētā Gara saņemšanu.

„Kad pienāca Vasarsvētku diena, visi bija sanākuši kopā. Pēkšņi no debesīm nāca šņākoša, tāda kā stipra vēja brāzma, un piepildīja visu namu, kur viņi sēdēja. Un viņiem parādījās it kā uguns mēles, tās sadalījās un

nolaidās uz ikvienu no tiem. Un visus piepildīja Svētais Gars, un viņi sāka runāt svešās mēlēs, kā Gars viņiem deva izrunāt," (Apustuļu d. 2:1-4).

Cik brīnumaini Dieva darbi! Kopīgas lūgšanas laikā katrs no simts divdesmit sapulcējušajiem pildījās ar Svēto Garu un sāka runāt citās valodās. Apustuļi tāpat ieguva varenu Dieva spēku, tā ka Jēzum Kristum ticīgo un kristīto skaits pieauga, pateicoties Pētera sludināšanai, to skaits pieauga līdz trīs tūkstošiem (Apustuļu d. 2:4). Brīnumi un zīmes pavadīja apustuļus, un ticīgo skaits palielinājās ar katru dienu un jauno kristiešu dzīve tāpat pakāpeniski sāka mainīties (Apustuļu d. 2:43 – 47).

„Redzēdami Pētera un Jāņa drosmi un nopratuši, ka viņi ir neizglītoti un vienkārši ļaudis, tie brīnījās, jo labi saprata, ka viņi bijuši ar Jēzu, un, redzēdami izdziedināto cilvēku pie viņiem stāvam, tiem nebija ko teikt," (Apustuļu d. 4:13-14).

„Caur apustuļu rokām tautā notika zīmes un daudz brīnumi. Viņi visi vienprātībā bija kopā Sālamana kolonādē. Neviens cits neuzdrīkstējās viņiem piebiedroties, bet tauta viņus slavēja. Arvien vairāk to, kas ticēja, piepulcējās Kunga draudzei – daudz vīru un sievu. Pat slimos iznesa uz ielām un lika uz gultām un nestuvēm, lai, Pēterim garām ejot, kaut tikai viņa ēna

skartu kādu no tiem. Sanāca arī daudzi no Jeruzalemes apkārtnes ciemiem, nesdami slimus un nešķīstu garu apsēstus, un tie visi tika dziedināti," (Apustuļu d. 5:12-16).

Lūgšanu spēks vienotībā ļāva apustuļiem sludināt ar drosmi Vārdu, dziedināt aklos, klibos, vājos, augšāmcelt mirušos, dziedināt jebkuras slimības un izdzīt ļaunus garus.

Tālāk mēs lasām stāstu par Pēteri, kas bija ieslodzīts cietumā ķēniņa Hēroda (Agripas I) valdīšanas laikā, kurš bija pazīstams ar savām kristiešu vajāšanām. Apustuļu darbos 12:5, mēs lasām: „Kamēr Pēteris tika turēts cietumā, draudze nemitējās dedzīgi lūgt par viņu Dievu." Iekalts divās važās, Pēteris gulēja cietumā tajā laikā, kad draudze par viņu lūdzās. Sadzirdējis draudzes lūgšanu Dievs sūtīja Eņģeli, lai izvestu Pēteri.

Naktī, pirms Pēterim vajadzēja stāties Hēroda tiesas priekšā, viņu ieslēdza važās un daudz kareivju apsargāja ieeju cietumā (Apustuļu 12:6). Bet Dievs parādīja Savu spēku, atbrīvojot Pēteri no važām un atverot cietuma dzelzs vārtus (Apustuļu d. 2:7-10). Tad Pēteris gāja uz Marijas, Jāņa, saukta arī par Marku, mātes māju un ieraudzīja daudz ļaužu, kuri par viņu lūdzās (Apustuļu d. 12:12). Tāds brīnums bija kā rezultāts, vienprātīgai draudzes lūgšanai par Pēteri.

Vienīgais, ko draudze varēja darīt priekš Pētera, kas bija ieslēgts cietumā, tas bija lūgties vienprātībā. Tāpat arī Dieva bērni, kad slimības un problēmas jūs pārņem, pasaulīgu spriedumu, satraukumu un nemiera vietā vispirms jātic, ka Dievs atrisinās visas jūsu problēmas, jāpulcējas kopā, vienotā spēkā un jālūdzas pilnīgā saskaņā.

Dievs nekad neatstās bez ievērības draudzes lūgšanu vienprātībā. Viņš priecājas par tādu lūgšanu un atbild uz lūgumiem ar Sava spēka brīnumiem. Un kā gan priecāsies Dievs, ieraugot, ka Viņa bērni lūdzas kopā par Dieva valstību un Viņa taisnību!

Piepildījušies ar Svēto Garu, pulcējoties kopā, lai lūgtos vienprātībā garā, mēs savā pieredzē piedzīvosim varenus Dieva darbus. Un kā tas bija pirmajās draudzēs apustuļu laikā, mēs izplatām Dieva Valstību un saņemot atbildes uz visām lūgšanām, iegūstam spēku dzīvot pēc Dieva Vārda un kļūsim Dzīvā Dieva liecinieki.

Lūdzu atceraties, ka Dievs mums apsolījis atbildēt, ja mēs lūdzam Viņu kopīgā lūgšanā vienprātībā. Lai katrs no jums saprot vienprātīgas lūgšanas nozīmi, lai jums prieks satikties ar tiem, kas lūdzas Jēzus Kristus vārdā. Tad jūs piedzīvosiet varenu lūgšanas vienprātībā spēku, saņemsiet spēkus lūgties un kļūt par vērtīgiem kalpotājiem un Dzīvā Dieva lieciniekiem. Es lūdzos par to mūsu Kunga vārdā!

7. nodaļa

Vienmēr lūdzaties un nepadodieties

„Tad Viņš stāstīja tiem līdzību par to,
ka vienmēr vajag Dievu lūgt un nezaudēt drosmi:
Kādā pilsētā bija tiesnesis, kas Dieva nebijās un cilvēkus
necienīja. Vēl tajā pilsētā bija kāda atraitne,
un tā nāca pie viņa, sacīdama: iztiesā
manu lietu pret manu pretinieku.
Viņš ilgu laiku negribēja to darīt,
bet pēc tam tomēr sacīja pie sevis:
„Es Dieva nebīstos un cilvēkus necienu,
taču šī atraitne mani nomoka, tādēļ iztiesāšu viņai
par labu, ka beigās viņa nenāk un nesit man vaigā."
Kungs sacīja: ieklausieties, ko netaisnais tiesnesis saka!
Vai tad Dievs lai neiztiesātu par labu saviem izredzētajiem,
kas viņu piesauc dienu un nakti?
vai Viņš vilcināsies? Es jums saku:
Viņš viņu lietu iztiesās ātri,"

(Lūkas, 18:1-8).

1. Līdzība par uzstājīgo atraitni.

Sludinot Dieva vārdu tiem, kas sapulcējušies, Jēzus izmantoja līdzības (Marka 4:33-34). Līdzība par uzstājīgo atraitni, par kuru stāsta šī nodaļa, atklāj mums patiesību par pastāvīgas lūgšanas svarīgumu, māca mūs nepagurstot lūgties un nekad nekrist izmisumā.

Vai jūs neatlaidīgi lūdzaties cerībā saņemt no Dieva atbildi? Vai jūs novēršaties no lūgšanas vai zaudējat drosmi, ja Dievs līdz šim laikam nav jums atbildējis?

Katra cilvēka dzīvē sastopamas daudzas grūtības, mazas un lielas problēmas. Kad mēs sludinām Evaņģēliju, runājot par Dzīvo Dievu, tad ļaudis nāk uz baznīcu atrisināt savas problēmas vai saņemt mierinājumu.

Neatkarīgi no iemesla, kad ļaudis atnāk uz draudzi, pieņem Jēzu Kristu un pagodina Dievu, viņi uzzina, ka, kā Dieva bērni, viņi var saņemt visu, par ko lūdz un kļūst par lūdzējiem.

Visiem Dieva bērniem jāsaprot no Dieva Vārda, kāda lūgšana tīkama Dievam, kur ir lūgšanas būtība, jāsargā ticība un nepārtraukti jālūdzas, kamēr nepienesīs lūgšanas augļi – atbildi no Dieva. Tādēļ ticīgie zina par lūgšanas svarīgumu un lūdzas pastāvīgi. Pat, ja Dievs neatbild uz viņu lūgumu uzreiz, viņi nedara novēršanos no lūgšanas grēku, bet, otrādi, vēl stiprāk sauc uz Kungu.

Tikai tāda ticība atnes augli un kalpo vēl lielākai Dieva slavai. Bet neskatoties uz to, ka daudzi uzskata sevi par ticīgajiem, grūti atrast cilvēku ar stipru ticību. Tādēļ Kungs ar nožēlu piebildis: „Bet vai Cilvēka Dēls atnācis atradīs uz zemes ticību?"

Vienā pilsētā dzīvoja netaisns tiesnesis, un atraitne nāca pie viņa, lūdzot to aizsargāt no pāri darītāja. Tiesnesis, būdams netaisns, gribēja dāvanas no atraitnes, bet nabadzīgā sieviete nevarēja sev atļauties pat nelielu dāvinājumu. Viņa turpināja pastāvīgi nākt pie tiesneša, un viņš katru reizi viņai atteica. Bet kādu reizi tiesneša sirds mainījās. Vai zināt kādēļ? Tagad paklausīsimies, ko teica netaisnais tiesnesis:

„Es Dieva nebīstos un cilvēkus necienu, taču šī atraitne mani nomoka, tādēļ iztiesāšu viņai par labu, ka beigās viņa nenāk un nesit man vaigā," (Lūkas 18:4-5).

Atraitne nepadevās un turpināja nākt pie tiesneša ar savām prasībām. Un pat netaisnais tiesnesis, beigu beigās, neizturēja un apmierināja viņas prasību.

Izstāstot šo līdzību, Jēzus mums parādīja, kā mums jālūdzas, lai saņemtu no Dieva atbildi: *„Ieklausieties, ko netaisnais tiesnesis saka! Vai tad Dievs lai neiztiesātu par labu saviem izredzētajiem, kas Viņu piesauc dienu un nakti? Vai Viņš vilcināsies? Es jums saku Viņš viņu lietu iztiesās ātri."*

Ja pat netaisnais tiesnesis sadzirdēja atraitnes prasīto, vai

Vienmēr lūdzaties un nepadodieties · 95

gan Dievs neatbildēs saviem bērniem, kuri sauc uz Viņu? Ja kāds nolēmis par kaut ko prasīt, tad gavējot, esot naktī nomodā un cīņā, viņš drīz saņems no Dieva atbildi. Daudzi no jums, es esmu pārliecināts, dzirdējuši piemērus par to, kā Dievs atbild uz uzstājīgu ticīgo lūgšanām.

Psalmos 49-15, Dievs mums saka: *„Piesauc Mani posta dienā - Es tevi glābšu, un tu godāsi Mani!"* Citiem vārdiem, atbildot uz mūsu lūgšanām, Dievs rēķinās, ka mēs dosim Viņam visu godu. Jēzus Mateja Evaņģēlijā (7:11) mums atgādina: *„Ja nu jūs, ļauni būdami, saviem bērniem dodat labas dāvanas, cik daudz vairāk laba jūsu debesu Tēvs dos tiem, kas Viņu lūdz."* Vai gan Dievs, kas atdevis mūsu dēļ Savu Vienpiedzimušo Dēlu, var neatbildēt uz Savu mīļoto bērnu lūgumiem? Dievs vēlas, cik iespējams ātrāk atbildēt tiem, kas Viņu mīl.

Bet kāpēc gan daudzi tā arī nesaņem atbildes, neskatoties uz savām lūgšanām? Mateja Evaņģēlijā 7:7-8, Dieva vārdā, vēršoties pie mums teikts: *„Lūdziet, un jums tiks dots, meklējiet, un jūs atradīsiet, klaudziniet, un jums tiks atvērts. Ikviens, kas lūdz, saņemt un, kas meklē, atrod, un tam, kas klaudzina, atvērs."* Tādēļ ir neiespējami, lai mūsu lūgšana paliktu bez atbildes. Bet Dievs reizēm nevar mums atbildēt, tādēļ ka starp cilvēku un Dievu stāv grēka siena, vai tādēļ ka mēs vēl neesam pietiekoši lūgušies, vai vienkārši tādēļ ka vēl nav pienācis mūsu laiks.

Mums nepārtraukti jālūdzas ar ticību, tādēļ ka, kad mēs tā lūdzamies, tad mēs varam rēķināties, ka Svētais Gars sagraus grēka sienu, kas atdala mūs no Dieva un caur mūsu grēku nožēlu atvērs mums ceļu pie Dieva atbildes. Kad Dievs uzskatīs, ka mēs jau esam pietiekoši lūgušies, Viņš nekavējoties mums atbildēs.

Lūkas Evaņģēlijā 11:5-8, Jēzus no jauna runā par pastāvības un neatlaidības svarīgumu lūgšanā:

„*Un Viņš tiem sacīja: „Kuram no jums būtu tāds draugs, ka aizejot pie viņa pusnaktī un sakot viņam: draugs, aizdod man trīs maizes, jo kāds draugs no ceļa pie manis ir iegriezies un man nav ko viņam likt galdā,- bet tas no iekšpuses sacītu: neapgrūtini mani, durvis jau ir aizslēgtas un mani bērni ir pie manis gultā. Es nevaru celties un tev ko dot. Es jums saku: ja arī viņš neceltos un nedotu tādēļ, ka tas ir viņa draugs, tad tomēr tā uzstājības dēļ viņš celsies un dos tam, cik nepieciešams.*"

Jēzus mums māca, ka Dievs neatraidīs Sava bērna uzstājību. Mūsu lūgšanai Dievam, jābūt pārdrošai un uzstājīgai. Tas nenozīmē, ka mēs varam kaut ko pieprasīt no Dieva, bet mēs varam ar ticību lūgties un prasīt no Viņa. Bībelē mēs bieži lasām par ticības tēviem, kas saņēmuši atbildes uz tādām lūgšanām.

Pēc tam, kad Jēkabs līdz rīta ausmai cīnījās ar Eņģeli pie Jabokas straumēm, viņš no visas sirds sauca uz Dievu, prasot viņam svētības: „*Es Tevi nelaidīšu, kamēr Tu mani nesvētīsi!*" (1. Mozus 32:27). Un Dievs sadzirdēja viņa lūgumu. No tā laika Jēkabs saņēma vārdu „Israēls", kļuva par visu Izraēliešu ciltstēvu.

Mateja Evaņģēlijā 15. nodaļā mēs lasām par Kānaānieti, kuras meita bija dēmonu apsēsta. Un lūk, viņa sacīja uz Jēzu: „*Kungs, Dāvida dēls, apžēlojies par mani! Manu meitu dēmons briesmīgi moka!*" Bet Jēzus neatbildēja viņai (Mateja 15:22-23). Un tad viņa atkal pienāca pie Viņa un uz ceļiem Viņu lūdzās. Bet Jēzus noraidīja viņu, sakot: „*Nav labi bērniem domāto maizi nomest sunīšiem,*" (Mateja 15:25-26). Bet viņa vēl reizi ar lūgumu vērsās pie Jēzus: „*Jā, Kungs, bet sunīši ēd druskas, kas nobirst no viņu kungu galda. Tad Jēzus viņai atbildēja: „Ak sieviete, tava ticība ir liela! Lai notiek, kā tu vēlies." Un tajā brīdī viņas meita kļuva vesela,*" (Mateja 15:27-28).

Un tā, darīsim tāpat kā ticības tēvi, un pēc Dieva Vārda pastāvīgi lūgsim Dievu. Mums jālūdzas ar ticību, ar pilnīgu pārliecības sajūtu par atbildi un ar degošu sirdi. Ticot, ka mūsu Dievs dos mums ievākt lūgšanu augļus, mēs nepārtraukti lūdzoties, kļūsim par patiesiem Kristus sekotājiem.

2. Kāpēc mums vienmēr jālūdzas.

Cilvēks nevar dzīvot bez elpošanas; tāpat arī Dieva bērni, kas saņēmuši Svēto Garu, nevarēs sasniegt mūžīgo dzīvību bez lūgšanas. Lūgšana ir mūsu gara elpošana un dialogs ar Dzīvo Dievu. Ja Dieva bērni, saņēmuši Svēto Garu, nekontaktējas ar Dievu, viņi sevī nodzēš Svētā Gara uguni un nevar iet tālāk pa dzīvības ceļu, bet noejot no tā, viņi ies pa nāves ceļu un pazaudēs savu glābšanu.

Taču, esot kontaktā ar Dievu, ar lūgšanu palīdzību, mēs sasniegsim glābšanu, jo dzirdam Svētā Gara balsi un mācāmies dzīvot pēc Dieva gribas. Ja uz mūsu ceļa parādīsies grūtības, Dievs mums norādīs, kā no tām izvairīties. Un Dievs izdarīs, lai viss nāktu mums par labu. Lūgšana dod mums spēku no Visvarenā Dieva, Kurš stiprinās un palīdzēs mums mūsu cīņā ar ienaidnieku velnu, lai pagodinātu Dievu pieaugot ticībā, un tad priekš mums neiespējamais kļūs iespējams.

Bībelē teikts, ka mums pastāvīgi jālūdzas (1. vēst. Tesalonikiešiem 5:17) un ka tā ir Dieva griba (1. vēst. Tesalonikiešiem 5:18). Jēzus deva mums lūgšanas piemēru, pastāvīgi esot sadraudzībā ar Dievu ārpus atkarības no laika un vietas. Viņš lūdzās naktī un rītausmā, tuksnesī, uz kalna un daudzās citās vietās.

Pastāvīgi atrodoties lūgšanā, ticības tēvi dzīvoja pēc Dieva gribas. Pravietis Sāmuels mums saka: „*Bet es – pasargi, Dievs, ka es grēkotu pret Kungu un pārstātu lūgt par jums! Es jums mācīšu labo un taisno ceļu,"* (1. Samuēla grām. 12:23). Lūgšana – tā ir Dieva gribas un Viņa baušļu pildīšana; un Samuēls tieši pasaka, ka novēršanās no lūgšanas - tas ir grēks.

Kad mēs pārstājam lūgties, pārtraucam mūsu lūgšanu dzīvi, mūsu prāts aizsērē ar pasaulīgām domām, kas neļauj dzīvot pēc Dieva gribas. Bet paliekot bez Dieva aizsardzības, mēs pakļaujam sevi briesmām. Iekrītot kārdināšanā, ļaudis sāk kurnēt pret Dievu un vēl vairāk attālinās no Viņa ceļiem.

Tieši tādēļ Dievs atgādina mums 1. Pētera vēstulē (5:8-9): *"Esiet skaidrā prātā un nomodā: jūsu pretinieks velns kā lauva rūkdams staigā apkārt, meklēdams, ko varētu aprīt. Tam stājieties pretī ticībā, zinādami, ka visi brāļi pasaulē panes tādas pašas ciešanas."* Tātad, lūgsimies ne tikai grūtos laikos, bet pastāvīgi, lai mēs būtu svētīti Dieva bērni, kuriem viss labi visās dzīves sfērās.

3. Savā laikā mēs ievāksim augļus.

Vēstulē Galatiešiem 6:9, mēs lasām: *"Darīsim labu nepagurdami, jo savā laikā mēs pļausim, ja vien nepadosimies."* Tas pats attiecas arī uz lūgšanu. Pastāvīgi, nepagurstot atrodoties lūgšanā pēc Dieva gribas, mēs savā laikā pļausim augļus.

Ja nepacietīgais fermeris mēģinās izrakt nesen iesētas sēklas vai nesāks rūpēties par jaunajiem stādiem, kāda jēga būs no viņa pūlēm? Mums jālūdzas ar centību un pastāvību līdz tam laikam, kamēr nesaņemsim atbildes uz mūsu lūgšanām.

Pļaujas laiks atkarīgs no sēklas veida, kuras mēs iesējām, kādas sēklas atnes augļus pēc dažiem mēnešiem, bet citas – pēc dažiem gadiem. Graudi un augļi atnes augļus ātrāk, nekā ābeles vai žeņšeņs. Jo retāki un vērtīgāki augļi, jo vairāk pūļu un laika vajadzīgs, lai tos izaudzētu.

Mums jāsaprot, ka jo nopietnāka mūsu problēma, jo vairāk mums jālūdzas. Kad pravietis Daniels saņēma atklāsmi par Izraēla nākotni, viņš trīs nedēļas gavēja un lūdzās. Dievs sadzirdēja Daniela lūgšanu pirmajā dienā un sūtīja Eņģeli, lai to stiprinātu (Daniela 10:12). Bet tumsas valdnieks nostājās pret Dieva Eņģeli divdesmit vienu dienu, un viņš varēja atnākt pie Daniela tikai pēdējā dienā. Un tikai tad Daniels ieguva pārliecību par to, ka Dievs viņu dzird (Daniela 10:13-14).

Kas varētu notikt, ja Daniels padotos un pārstātu lūgties? Neskatoties uz ciešanām un spēku zaudējumu pēc saņemtajām atklāsmēs, Daniels nepārtrauca saukt uz Dievu, un Dievs atbildēja uz viņa lūgšanu.

Kad mēs esam centīgi ticības lūgšanā, Dievs sūta mums palīgu un parāda ceļu, lai saņemtu atbildi. Tādēļ Eņģelis, ko Dievs sūtīja pie Daniela, paziņoja viņam: *„Bet divdesmit vienu dienu* *mani aizkavēja Persijas valsts varenais. Tad Mihaēls, viens no galvenajiem varenajiem, nāca man palīgā – ko es kavējos Persijas valstī. Es atsteidzos tev paziņot, kas nākamā laikā notiks ar taviem ļaudīm, jo šī parādība ir par nākamo laiku,"* (Daniela grām. 10:13-14).

Par ko tieši jūs lūdzat Dievu? Vai jūsu lūgšana sasniedz Dieva Troni? Lai saprastu atklāsmes jēgu, Daniels sēroja, atteicās no garšīga ēdiena, gaļas un vīna un neziedās ar smaržu eļļām līdz pagāja trīs nedēļas (Daniēla grām. 10:3). Un tikai, kad Daniels tādā veidā pazemojās lūgšanā pēc apsolījuma, Dievs sadzirdēja viņu un sūtīja atbildi jau pirmajā dienā.

Pievērsiet uzmanību, ka, lai arī Dievs sadzirdēja Daniela lūgšanu jau pirmajā dienā un sūtīja Savu atbildi, Dieva vēsts atnāca pie praviaša tikai pēc trīs nedēļām. Daudzi ļaudis saskārušies ar nopietnām problēmām, lūdzas dienu – divas, taču ātri padodas. Un tas norāda uz viņu mazticību.

Mūsu paaudzei vairāk par visu vajadzīga tāda sirds, kura ticētu tikai vienīgi vienam Dievam, Kurš noteikti atbildēs, un neatlaidīgi lūgtos, neatkarīgi no tā, kādā laikā atnāks Dieva atbilde. Kā mēs varam rēķināties ar Dieva atbildi ja neesam neatlaidīgi pastāvīgā lūgšanā?

Dievs sūta lietu atkarībā no sezonas – ir pavasara lietus un rudens lietus, un nosaka pļaujas laiku (Praviaša Jeremijas grām. 5:24). Tādēļ Jēzus teica mums: *„Tādēļ Es jums saku: visu, ko* *jūs lūdzat vai prasāt, ticiet, ka jūs to saņemsiet, un tas jums arī būs,"* (Marka 11:24). Daniels ticēja Dievam, kas atbild uz lūgšanām, un nepārtrauca lūgties līdz tam laikam, kamēr Dievs viņam atbildēja.

Bībele mums māca: *"Ticība ir cerības pamatā, tā pārliecina par neredzamām lietām,"* (Vēst. Ebrejiem 11:1). Ja kāds pārstāj lūgties tikai tādēļ, ka kādu laiku nesaņem no Dieva atbildi, tad tas nozīmē, ka viņā nav ticības un viņš jau nevar rēķināties uz atbildi no Dieva. Ja ir patiesa ticība, cilvēks nesāks pievērst uzmanību apstākļiem, bet atradīsies pastāvīgā lūgšanā. Tāds cilvēks tic, ka Dievs dos viņam pļaut to, kas iesēts, apbalvos par visiem labajiem darbiem un noteikti atbildēs uz to ko viņš prasīja.

Vēstulē Efeziešiem, 5:7-8, mēs lasām: *"Nepalieciet kopā ar tiem, jo jūs reiz bijāt tumsā, bet tagad esat gaismā Kungā; dzīvojiet kā gaismas bērni."* Es lūdzos Jēzus Kristus vārdā, lai katrs no jums iegūtu patiesu ticību un pastāvīgi sauktu uz Visvareno Dievu un saņemtu atbildes uz visām lūgšanām, vadītu dzīvi, kas pildīta ar Dieva svētībām!

Autors:
dr. Džejs Roks Lī

Dr. Džejs Roks Lī – dzimis Muanas pilsētā, Džeonnas provincē, Dienvidkorejas Republikā 1943. gadā. Sākot no divdesmit gadiem dr. Lī cieta no dažādām neārstējamām slimībām un septiņu gadu garumā dzīvoja gaidot nāvi, bez jebkādas cerības uz izveseļošanos. Bet kādu reizi, 1974. gada pavasarī, māsa atveda viņu uz baznīcu, kur viņš, ceļos nokritis, lūdzās, un Dzīvais Dievs uzreiz dziedināja viņu no visām slimībām.

No tās minūtes, kā dr. Lī brīnumainā veidā satikās ar Dzīvo Dievu, viņš patiesi Viņu iemīlēja no visas sirds, un 1978. gadā viņš bija aicināts kalpot Dievam. Viņš centīgi lūdzās un nepagurstot gavēja, lai skaidri saprastu Dieva gribu, pilnībā to pildītu un paklausītu katram Dieva vārdam. 1982. gadā viņš dibināja Centrālo „Manmin" draudzi Seulas pilsētā (Dienvidkoreja), un no tā momenta neskaitāmi Dieva darbi, ieskaitot brīnumainas dziedināšanas un Dieva zīmes, bija atklātas šajā draudzē.

1986. gadā dr. Lī saņēma roku uzlikšanu mācītāja kalpošanai ikgadējā Korejas Kristus baznīcas Asamblejā Singkuolā, bet vēl pēc četriem gadiem, 1990. gadā, viņa svētrunas sāka translēt Austrālijā, Krievijā, Filipīnās un daudzās citās valstīs, un tāpat „Tālo Austrumu raidkompānijas", „Āzijas pārraižu kompānijas" un „Vašingtonas kristīgās radio stacijas."

Pēc trim gadiem, tas ir, 1993. gadā žurnāls „Kristīgā pasaule" (ASV) ievietoja Centrālo „Manmin" draudzi piecdesmit pasaules labāko draudžu sarakstā; Kristīgās ticības koledža Floridas štatā (ASV) piešķīra dr. Lī evaņģelizācijas goda doktora pakāpi, un 1996. gadā Teoloģijas seminārs Kingsvejā (Aiovas štatā ASV) piešķīra viņam doktora pakāpi kristīgajā kalpošanā.

No 1993. gada dr. Lī, novadot krūseidus Tanzānijā, Argentīnā, Losandželosā,

Baltimorā, Havajā, Kenijā, Ņujorkā, Ugandā, Japānā, Krievijā, Vācijā, Peru, Demokrātiskajā Kongo Republikā un Izraēlā iegāja pasaules misionāru darbības līderu skaitā. 2002. gadā par viņa darbu novadot daudz iespaidīgus apvienotus krūseidus, vadošās kristīgās Korejas avīzes nosauca viņu par „vispasaules atmodas mācītāju."

Pēc 2012. gada datiem, par Centrālās „Manmin" draudzes locekļiem bija vairāk, kā simts divdesmit tūkstoši cilvēku. Tā dibinājusi desmit tūkstošs filiāles un draudžu asociācijas visā pasaulē, un uz doto momentu draudze nosūtījusi vairāk kā 137 misionārus uz kalpošanu 23 valstīs, ieskaitot ASV, Krieviju, Vāciju, Kanādu, Japānu, Ķīnu, Franciju, Indiju, Keniju un daudzām citām valstīm.

Uz šīs grāmatas publikācijas momentu dr. Lī izdevis 64 grāmatas, ieskaitot tādus bestsellerus, kā „Atklāsme par mūžīgo dzīvi uz nāves sliekšņa," „Mana dzīve, mana ticība" (I и II), „Vārds par Krustu", „Ticības mērs", „Debesis" (I и II), „Elle" un „Dieva spēks". Viņa grāmatas bija tulkotas 73 pasaules valodās.

Viņa raksti par kristīgās ticības tēmu publicēti sekojošos periodiskos izdevumos: The Hankook Ilbo, The JoongAng Daily, The Dong-A Ilbo, The Chosun Ilbo, The Munhwa Ilbo, The Seoul Shinmun, The Kyunghyang Shinmun, The Hankyoreh Shinmun, The Korea Economic Daily, The Korea Herald, The Shisa News un The Christian Press.

Patreizējā laikā dr. Lī ir vadošais daudzās misionāru organizācijās un asociācijās. Viņš tajā skaitā ir apvienotās Jēzus Kristus svētuma draudzes valdes vadītājs, Starptautiskās misionāru organizācijas Manmin, dibinātājs un „Globālā kristīgā tīkla" (GKT), „Vispasaules ārstu - kristiešu tīkla" (VĀKT), un Starptautiskā Manmin semināra (SMS) valdes vadītājs.

Citas spilgtākās šī autora sarakstītās grāmatas.

Debesis I un II

Precīzs apraksts par lieliskajiem apstākļiem, kuros dzīvo Debesu pilsoņi, spilgts apraksts par dažādu Debesu līmeņu valstībām.

Atklāsmes par mūžīgo dzīvi uz nāves siekšņa

Personīgās dr. Džeja Roka Lī atmiņas – liecības, kurš bija piedzimis no Augšienes un glābts, ejot caur nāves ēnas ieleju, un no tā laika parāda ideālu piemēru tam, kā vajadzētu dzīvot kristietim.

Elle

Nopietns vēstījums cilvēcei no Dieva, Kurš negrib, lai pat viena dvēsele atrastos elles dzelmē! Jūs atklāsiet sev līdz šim nezināmas lietas par nežēlīgo zemāko kapu un elles realitāti.

Mana Dzīve, Mana Ticība I un II

Dzīve, kas uzplauka pateicoties ne ar ko nesalīdzināmai Dieva mīlestībai, drūmu viļņu vidū, zem nastas smaguma un dziļa izmisuma un izplata pašu labāko garīgo aromātu.

Ticības mērs

Kādas mājvietas un kādi vainagi un balvas sagatavotas mums Debesīs? Šī grāmata satur gudrību un pamācības, kas nepieciešamas tam, lai izmērītu savu ticību un izaudzētu to līdz pilnīga brieduma mēram.

www.urimbooks.com

www.ingramcontent.com/pod-product-compliance
Lightning Source LLC
LaVergne TN
LVHW051953060526
838201LV00059B/3616